정혜결사문 定慧結社文

원순 스님

해인사 백련암에서 출가
해인사 통도사 송광사 봉암사 백장암 성전암 등 제방 선원에서 정진
『선요』『한글원각경』『몽산법어』『육조단경』 등 다수의 불서를 펴냄
현재 송광사 인월암에서 안거 중

정혜결사문

선정과 지혜로 세상을 밝혀야

초판 발행 | 2020년 8월 14일
펴낸이 | 열린마음
역해 | 원순
편집 | 유진영
디자인 | 안현

펴낸곳 | 도서출판 법공양
등록 | 1999년 2월 2일 · 제1-a2441
주소 | 03150 서울시 종로구 수송동
　　　두산위브파빌리온 836호
전화 | 02-734-9428
팩스 | 02-6008-7024
이메일 | dharmabooks@chol.com

ⓒ 원순, 2020
ISBN 978-89-89602-04-0

값 20,000원

부처님의 가르침을 올바르게 _ 도서출판 법공양

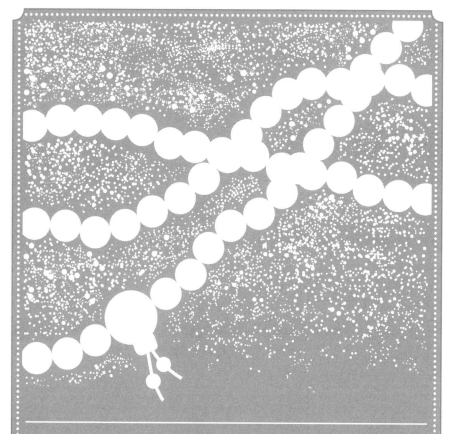

정혜결사문 定慧結社文

선정과 지혜로 세상을 밝혀야 ◉ 보조 국사 지음 ◉ 원순 역해

도서
출판 법공양

부처님 은혜에 감사드리며

저자서문

이 시대에 정혜결사의 뜻을 생각하며

"땅에서 넘어진 사람은 땅을 딛고 일어나라."

보조(1158-1210)[1] 스님께서 '정혜결사문' 첫머리에서 하신 말씀입니다. 땅에서 넘어진 사람이 땅을 딛지 않고 일어난다는 것은 있을 수 없는 일입니다. 마찬가지로, 세상의 모든 일이 마음에서 시작된 것이라면, 이 마음을 떠나 세상의 행복을 찾는 것은 옳지 않습니다.

행복한 삶을 위하여 중생은 세속의 욕망을 추구하지만, 욕망은 더 큰 욕망을 부를 뿐 욕망을 추구할수록 행복과는 점

---

1. 불일보조 국사 목우자 지눌(1158-1210) 스님께서는 고려의 고승으로 호는 목우자牧牛子, 시호는 불일보조佛日普照 국사이다. 1190년 팔공산 거조암에서 '정혜결사문'을 선포하고, 지리산 상무주암에서 수행하다가 1200년도에 지금의 송광사로 옮겨 선풍을 크게 일으키신 분이다. 스님께서는 『금강경』『육조단경』『신화엄경론』『대혜어록』을 중요시하면서 많은 수행자를 지도하였다. 저서로는 『수심결』『진심직설』『화엄론절요』『원돈성불론』『계초심학인문』『간화결의론』 등이 있다.

점 거리가 멀어집니다. 진정한 행복은 세속의 욕망에도 인연에도 자연에도 속하지 않는 마음, 바로 부처님 마음자리에 있기 때문입니다. 이 마음을 일러 주신 것이 부처님의 팔만 사천 법문이며, 이 마음에 도달하고자 하는 것이 수행입니다.

아! 그러나 행복한 삶을 위하여 세속의 욕망을 벗어나고자 하면서도 그 욕망을 없애는 자신의 수행을 하지 않는다는 것은 불자로서 부처님의 은혜를 저버리는 것이라 참으로 부끄러운 일입니다.

이런 세태에 부끄러움을 느낀 보조 스님께서는 1182년 1월 개성 보제사 '선의 종지에 대한 담론법회[談禪法會]'에서 도반 십여 명과 함께 '늘 부처님의 마음과 지혜를 함께 닦아나가자'고 다짐하며 결사를 도모하게 됩니다.

"이 법회가 끝난 뒤 명예와 이익을 버리고 산속에 들어가 같이 모여 삽시다. 늘 부처님의 마음과 지혜를 함께 닦는 것을 일로 삼고, 부처님께 예불을 올리며, 경전을 끊임없이 읽도록 합시다. 사중의 일을 서로 힘껏 도와가며 저마다 맡은 일에 충실하여 청정한 승가의 살림을 살아갑시다. 인연에 따라 자신의 공부를 해가면서 호탕하게 불법을 통달한 참사람의 고매한 행적을 평생 끊임없이 좇아가다 보면, 이 일이 어찌 즐겁고 상쾌하지 않겠습니까."

그러면서 이런 방식의 수행에 대하여 "부처님의 마음과 지혜를 함께 닦는 것으로 세상 모든 일이 해결될 것인가? 아미타불을 염불하여 극락왕생의 업을 닦는 것이 낫지 않은가? 말세 중생이 이런 법을 과연 의심하지 않고 믿겠는가? 선정과 지혜를 닦았다면 신통력이 있어야 하지 않는가?" 등등 대중들의 온갖 의아심을 정리하여 문답식으로 그 의심을 차근차근 풀어갑니다.

스님께서는 대승 경론에 근거하여 지금까지 전해지는 법문을 믿고 알아야 하는 까닭과 생사윤회하고 부처님 국토와 중생의 세간을 오가면서 얻거나 잃게 되는 것을 간략하게 말하면서, 마음 닦는 사람들이 그 근본과 곁가지를 구분하도록 하였습니다. 그리하여 방편과 실상을 잘 알고 선정과 지혜, 보살행과 원력을 함께 닦으며, 부처님의 세상에 함께 태어날 것을 다짐하고 있습니다. 스님께서는 수승한 이 공덕으로 올바른 법을 끊임없이 전파하며 중생을 모두 제도함으로써 시방 삼세 부처님의 막중한 은혜를 갚고자 했던 것입니다.

一念淨心是道場	한 생각에 맑은 마음 수행 터로서
일념정심시도량	
勝造河沙七寶塔	탑을 만든 공덕보다 더 뛰어나니
승조하사칠보탑	
寶塔畢竟碎爲塵	칠보 탑은 언젠가는 티끌 되지만
보탑필경쇄위진	
一念淨心成正覺	한 생각이 청정한 곳 바른 깨달음.
일념정심성정각	

이 가르침은 천 년이 흘러도 변함이 없습니다. 우리가 잠시라도 맑고 깨끗한 마음을 챙긴다면, 코로나19와 같은 세상의 온갖 재앙이 한꺼번에 닥치더라도 살아가는 삶은 맑고도 담담할 것이니, 이는 특별히 마음 닦는 사람만 갖게 되는 이익이 아닙니다.

이 '정혜결사문'의 인연으로 오는 세상이 다하도록 몽매한 이들이 부처님 법에 따라 수행하고, 밝은 지혜의 등불이 계속 이어져 온 누리가 환해지기를 부처님 전에 마음 모아 축원 올립니다.

2020년 7월 1일
조계산 산모퉁이 인월행자 두 손 모음

차례

정혜결사문 定慧結社文

恭聞
공문

人因地而倒者 因地而起。離地求起 無有是處也。
인인지이도자 인지이기 이지구기 무유시처야

迷一心 而起無邊煩惱者 衆生也。
미일심 이기무변번뇌자 중생야

悟一心 而起無邊妙用者 諸佛也。
오일심 이기무변묘용자 제불야

迷悟雖殊 而要由一心則
미오수수 이요유일심즉

離心求佛者 亦無有是處也。
이심구불자 역무유시처야

1장. 결사의 이념과 동기

"땅에서 넘어진 사람은 땅을 딛고 일어나라."는 이야기를 제가 들은 적이 있습니다. 땅에서 넘어진 사람이 땅을 딛지 않고 일어난다는 것은 옳지 않다는 것입니다.

모든 것이 한마음인 줄 몰라
끝없이 번뇌를 일으키는 사람은 중생입니다.

반대로 한마음인 줄 알아
끝없이 미묘하고 오묘한 마음을 쓰는 분이 부처님입니다.

어리석음과 깨달음의 모습이 서로 다를지라도 모두 한마음에서 말미암은 것이라면, 이 마음을 떠나 부처님을 찾는다는 것 또한 옳지 않습니다.

知訥[1]自妙年 投身祖域
지 눌 자 묘 년 투 신 조 역

遍叅禪肆 詳其佛祖 垂慈爲物之門。
변 참 선 사 상 기 불 조 수 자 위 물 지 문

要令我輩 休息諸緣 虛心冥契 不外馳求。
요 령 아 배 휴 식 제 연 허 심 명 계 불 외 치 구

如經 所謂
여 경 소 위

若人欲識佛境界 當淨其意 如虛空等之謂也。
약 인 욕 식 불 경 계 당 정 기 의 여 허 공 등 지 위 야

凡見聞誦習者 當起難遇之心
범 견 문 송 습 자 당 기 난 우 지 심

自用智慧觀照 如所說而修則
자 용 지 혜 관 조 여 소 설 이 수 즉

可謂 自修佛心 自成佛道 而親報佛恩矣。
가 위 자 수 불 심 자 성 불 도 이 친 보 불 은 의

---

1. 보조 스님은 신라 말에 성립된 구산선문 가운데 사굴산파 종휘 선사에게로 출가
   한 뒤 뚜렷한 스승을 정하지 않고 자유롭게 자신의 공부를 하신 분으로 알려져
   있다.

저는 어릴 때부터 조사 스님 문하에 들어가 공부하면서 두루 선방을 다니며, 중생을 위한 부처님과 조사 스님의 자비로운 가르침을 자세히 살펴보았습니다.

그 내용은 대부분 우리가 모든 반연을 끊고 마음을 비워, 어느 순간에 부처님의 마음자리와 하나가 되어야 한다고 가르치고 있을 뿐, 바깥으로 돌아다니며 이 마음 밖에서 바쁘게 부처님을 찾으라고 하지 않았습니다.

이는 『화엄경』에서 "부처님의 경계를 알고자 하면 자신의 마음을 허공처럼 깨끗이 하라."라고 말한 것과 같습니다.

경전을 보고 듣고 외워 익히는 사람이라면 만나기 어려운 부처님 법을 귀하게 여기는 마음을 내고, 스스로 지혜롭게 마음을 챙겨 부처님의 말씀대로 수행해야, '스스로 부처님의 마음을 닦고 불도를 성취하여 몸소 부처님의 은혜에 보답한다'고 말할 수 있을 것입니다.

然 返觀我輩 朝暮所行之迹則 憑依佛法
연 반관아배 조모소행지적즉 빙의불법

裝飾我人 區區於利養之途 汨沒於風塵之際。
장식아인 구구어이양지도 골몰어풍진지제

道德未修 衣食斯費 雖復出家 何德之有。
도덕미수 의식사비 수부출가 하덕지유

噫 夫欲離三界 而未有絶塵之行
희 부욕리삼계 이미유절진지행

徒爲男子之身 而無丈夫之志。
도위남자지신 이무장부지지

上乖弘道 下闕利生
상괴홍도 하궐이생

中負四恩 誠以爲恥。
중부사은 성이위치

그러나 저희가 매일같이 살아온 자취를 돌이켜보면 부처님의 법을 의지해 살면서도, 제멋대로 자신의 이익만 챙기며 세속의 어지러운 욕망에 푹 빠져 살아왔습니다.

부처님의 도와 공덕은 닦지 않은 채 시주받은 옷과 밥만 축내고 있으니, 이렇게 출가한들 무슨 공덕이 있겠습니까.

아! 세속의 욕망을 벗어나고자 하면서도 아직 그 욕망을 없애는 수행을 하지 않으니, 남자의 몸을 받은 것도 부질없게 대장부의 뜻이 없습니다.

위로는 부처님의 도를 펼치는 데 어긋나고 밑으로는 중생을 이롭게 하지 못하면서 그 와중에 부모와 스승, 국가와 부처님의 은혜를 저버리고 있으니 참으로 부끄러운 일입니다.

知訥 以是長歎 其來久矣
지눌 이시장탄 기래구의

歲在壬寅[1]正月 赴上都普濟寺 談禪法會。
세재임인 정월 부상도보제사 담선법회

一日 與同學十餘人 約曰
일일 여동학십여인 약왈

罷會後 當捨名利 隱遁山林 結爲同社。
파회후 당사명리 은둔산림 결위동사

常以習定均慧 爲務 禮佛轉經。
상이습정균혜 위무 예불전경

以至於執勞運力 各隨所任而經營之。
이지어집로운력 각수소임이경영지

隨緣養性 放曠平生
수연양성 방광평생

遠追達士眞人之高行則 豈不快哉。
원추 달사진인지고행 즉 기불쾌재

---

1. 임인년壬寅年은 고려 명종 12년 서기 1182년이다. 당시 무인정권 시절로 정치권
   은 매우 불안한 상태였다.

제가 이 때문에 오랫동안 고민하던 중 1182년 1월 개성 보제사에서 열린 '선의 종지에 대해 담론하는 법회[談禪法會]'에 참석하게 되었습니다.

하루는 도반 십여 명과 어울려 함께 약속하기를

"이 법회가 끝난 뒤 세속의 명예와 이익을 버리고 산속에 들어가 같이 모여 삽시다.

늘 선정과 지혜를 함께 닦는 것을 일로 삼고, 부처님께 예불을 올리며, 경전을 끊임없이 읽도록 합시다.

사중의 일을 서로 힘껏 도와가며 저마다 맡은 일에 충실하며 청정한 승가의 살림을 살아갑시다.

인연에 따라 자신의 공부를 해가면서 호탕하게 불법을 통달한 참사람의 고매한 행적을 평생 끊임없이 좇아간다면, 이 일이 어찌 즐겁고 상쾌하지 않겠습니까."라고 하였습니다.

諸公 聞語曰 時當末法 正道沈隱 何能以定慧爲務。
제 공 문 어 왈 시 당 말 법 정 도 침 은 하 능 이 정 혜 위 무

不如 勤念彌陀 修淨土之業也。
불 여 근 념 미 타 수 정 토 지 업 야

余曰
여 왈

時雖遷變 心性不移。見法道之興衰者 是乃三乘權學[1]
시 수 천 변 심 성 불 이 견 법 도 지 흥 쇠 자 시 내 삼 승 권 학

之見 有智之人 不應如是。 君我逢此最上乘法門 見聞
지 견 유 지 지 인 불 응 여 시 군 아 봉 차 최 상 승 법 문 견 문

薰習 豈非宿緣。而不自慶 返生絶分 甘爲權學人則
훈 습 기 비 숙 연 이 부 자 경 반 생 절 분 감 위 권 학 인 즉

可謂 辜負先祖 作最後斷佛種人也。
가 위 고 부 선 조 작 최 후 단 불 종 인 야

---

1. 삼승권학三乘權學에서 삼승은 성문, 연각, 보살을 말하고, 권학은 이들의 수준에 맞추어 방편으로 배우는 것을 말한다. 성문은 부처님의 가르침을 듣고 배우는 사람, 연각은 스스로 12연기를 터득한 사람, 보살은 대승의 가르침을 이웃에 전파하고 실천하는 사람을 말한다.

2장. 부처님 마음과 지혜를 닦아야

여러 도반이 이 말을 듣고 "지금은 말법시대이고 바른 도가 보이지 않는데 어떻게 선정과 지혜만 닦으며 살 수 있겠습니까. 이는 부지런히 아미타불을 염불하며 극락왕생의 업을 닦는 것만 못합니다."라고 말하였습니다.

저는 말하였습니다.

시대가 변하더라도 마음의 성품은 바뀌지 않습니다. 부처님의 법이 흥하거나 망한다고 보는 것은 지혜가 없는 사람들의 견해일 뿐, 지혜로운 사람은 이런 견해를 갖지 않습니다. 그대들과 나는 부처님의 높은 법문을 만나서 보고 듣고 익혔으니 어찌 전생의 깊은 인연이 아니겠습니까. 그런데도 스스로가 기뻐하지 않고 도리어 이번 생에는 자신의 역량이 부족하다고 하여 어리석은 사람이 되려고 한다면, 옛 조사 스님들의 은혜를 저버릴 뿐만 아니라 끝내는 부처님의 씨앗조차 끊어 버리는 사람이 되고 맙니다.

念佛轉經 萬行施爲 是沙門 住持常法
염불전경 만행시위 시사문 주지상법

豈有妨碍。
기유방애

然不窮根本 執相外求 被恐智人之所嗤矣。
연불궁근본 집상외구 피공지인지소치의

華嚴論[1]云 此一乘教門 以根本智爲所成 名一切智乘。
화엄론운 차일승교문 이근본지위소성 명일체지승

十方世界 量同虛空 爲佛境界故
시방세계 양동허공 위불경계고

一切諸佛 及以衆生 所有心境 互相叅入
일체제불 급이중생 소유심경 호상참입

如影重重 不說有佛無佛世界 不說有像法末法[2]。
여영중중 불설유불무불세계 불설유상법말법

如是時分 常是佛興 常是正法 此乃了義經[3]。
여시시분 상시불흥 상시정법 차내요의경

但說有此方穢土 別方淨土
단설유차방예토 별방정토

有佛無佛處所 及像法末法 皆爲不了義經。
유불무불처소 급상법말법 개위불요의경

---

1. 『화엄론』은 중국 당대 이통현이 지은 40권의 논서인데, 보조 스님이 3권으로
   간추려 『화엄론 절요』를 펴냈다.
2. 정법시대는 부처님의 살아 계시면서 상식적으로 법이 통하는 시대이고, 상법시
   대는 부처님의 형상과 경전만 남아 있는 시대이며, 말법시대는 부처님의 형상
   이나 경전조차 사라지는 시대이다.
3. '요의경了義經'은 부처님 법의 근본 이치를 밝히는 경전이다.

물론 염불하고 경전을 읽으며 온갖 보살행을 베푸는 일도 스님들이 늘 지니고 살아야 하는 법이므로 어찌 공부에 방해가 되겠습니까. 그러나 근본을 찾지 않고 형상에 집착하여 마음 밖에서 부처님의 모습을 찾는다면, 지혜로운 사람의 웃음거리가 될까 두렵습니다.

『화엄론』에서는,

"부처님의 마음자리에서 나오는 가르침은 근본지혜로 이루어진 것이니, 온갖 지혜를 담은 것이라고 한다.
시방세계의 크기가 허공과 같아 부처님의 경계가 되므로, 모든 부처님과 중생의 마음 경계가 서로 겹쳐져 있는 모습이 마치 그림자가 거듭 겹쳐 펼쳐지는 것과 같다.
여기서는 부처님이 있거나 없는 세계, 상법시대나 말법시대를 말하지 않는다. 이런 때가 바로 부처님이 나타나는 시대이며 정법시대이니, 이것이 바로 '부처님 법의 근본 이치를 밝히는 경전[了義經]'이다. 이쪽은 오염된 국토이고 저쪽은 청정한 국토이며, 부처님이 있는 곳과 없는 곳, 상법시대와 말법시대가 따로 있다고 거리낌 없이 말하는 경전은 모두 '부처님 법의 근본 이치를 밝히지 못한 경전[不了義經]'이다."라고 하였습니다.

又云
우운

如來爲一切邪見顚倒衆生
여래 위일체사견전도중생

示現出興 略說少分福德境界 而實如來 無出無沒。
시현출흥 약설소분복덕경계 이실여래 무출무몰

唯道相應者 智境自會 不作如來出興滅沒之見。
유도상응자 지경자회 부작여래출흥멸몰지견

但自以定觀二門 以治心垢。
단자이정관이문 이치심구

情在相存 我見求道 終不相應。
정재상존 아견구도 종불상응

須依智人 自摧憍慢 敬心徹到
수의지인 자최교만 경심철도

方以定慧二門 決擇。
방이정혜이문 결택

또 이르기를,

"여래께서 온갖 삿된 견해를 가진 중생들을 위하여 그들 앞에 나타나 복덕이란 무엇인지 간략하게 말했지만, 실제 여래께서는 오고가는 것이 없다. 오직 도와 상응하는 사람만이 지혜의 경계로 스스로 알 뿐, 여래께서 왔다 갔다는 견해를 내지 않는다.

다만 스스로 마음을 맑히고 인연을 살피는 이 두 가지 수행문으로 오염된 마음을 다스릴 뿐이다.

알음알이가 있어 모습에 집착하여 자신의 견해로써 도를 구한다면 끝내 도道를 얻지 못한다.

모름지기 지혜로운 사람에게 의지하여 스스로 교만한 마음을 꺾고 철저하게 부처님을 공경하는 마음을 갖는다면, 바야흐로 선정과 지혜의 두 가지 수행문으로써 살아갈 것을 결단하게 된다."라고 하였습니다.

先聖教旨 如斯 豈敢造次輒有浪陳。
선 성 교 지 여 사 기 감 조 차 첩 유 랑 진

誓遵了義 懇苦之言 不依權學方便之說。
서 준 요 의 간 고 지 언 불 의 권 학 방 편 지 설

我輩沙門[1] 雖生末法 稟性頑癡
아 배 사 문 수 생 말 법 품 성 완 치

若自退屈 着相求道則
약 자 퇴 굴 착 상 구 도 즉

從前學得 定慧妙門 更是何人 所行之事。
종 전 학 득 정 혜 묘 문 갱 시 하 인 소 행 지 사

行之難故 捨而不修則 今不習故
행 지 난 고 사 이 불 수 즉 금 불 습 고

雖經多劫 彌在其難。
수 경 다 겁 미 재 기 난

若今强修
약 금 강 수

難修之行 因修習力故 漸得不難。
난 수 지 행 인 수 습 력 고 점 득 불 난

---

1. 사문沙門은 출가한 수행자를 말한다.

옛 성인의 가르침이 이와 같은데,
어찌 감히 함부로 말을 하겠습니까.

맹세코 이치를 아는 간곡한 말씀에 따를 일이지,
임시방편으로 하는 말에 의지해서는 안 됩니다.

우리 수행자가 말법시대에 태어나 타고난 성품이 둔하고 어리석다고 해서, 저 스스로 참된 공부에서 물러나 형상에 집착한 채 도를 구한다면, 선지식이 배우고 터득한 선정과 지혜의 오묘한 수행문을 다시 누가 실천해 들어간단 말입니까.

실천하기 어렵다고 해서 지금 불법을 익히지 않고 닦지 않는다면, 세월이 갈수록 공부하기는 더욱 어렵기만 할 것입니다.

하지만 지금이라도 힘껏 수행한다면, 이렇게 닦아 익힌 힘 덕분에 닦기 힘든 수행도 점차 어렵지 않게 됩니다.

古之爲道者 還有不從凡夫來者耶。
고 지 위 도 자 환 유 부 종 범 부 래 자 야

諸經論中 還有不許末世衆生 修無漏道¹乎。
제 경 론 중 환 유 불 허 말 세 중 생 수 무 루 도 호

圓覺經 云
원 각 경 운

末世諸衆生 心不生虛妄 佛說如是人 現世卽菩薩。
말 세 제 중 생 심 불 생 허 망 불 설 여 시 인 현 세 즉 보 살

華嚴論 云
화 엄 론 운

若言此法 非是凡夫境界 是菩薩所行
약 언 차 법 비 시 범 부 경 계 시 보 살 소 행

當知是人 滅佛知見 破滅正法。
당 지 시 인 멸 불 지 견 파 멸 정 법

諸有智者 不應如是 不勸修行。
제 유 지 자 불 응 여 시 불 권 수 행

---

1. 무루도無漏道는 출세간의 도인데 모든 번뇌를 여읜 무루지無漏智로 닦는 수행
   을 말한다. '유루有漏'는 새는 게 있다는 뜻이니, 중생의 마음에서 흘러나오는
   번뇌를 말한다. 곧 '유루有漏'는 번뇌가 있는 것이요, '무루無漏'는 번뇌가 없는
   것이다.

범부와 부처

도를 이룬 옛 선지식 가운데 범부에서 시작하지 않은 이가 있습니까?

말법시대의 중생은 '번뇌가 없는 부처님의 도[無漏道]'를 닦지 말라고 한 경론이 부처님 경론 중에 있습니까?

『원각경』에서는,
"말세 어떤 중생도 허망한 생각을 내지 않으면, 이와 같은 사람이 현세의 보살이라고 부처님께서 말씀하셨다."라고 하였습니다.

또『화엄론』에서 이르기를,
"이 법이 범부가 닦을 것이 아니라 보살이 실천할 곳이라고 말한다면, 마땅히 이 사람은 부처님의 지견을 없애고 정법을 파멸시키는 줄 알아야 한다."라고 하였습니다.

지혜로운 사람들은 모두 이와 같이 수행을 권하지 않은 적이 없었습니다.

設行不得 不失善種 猶成來世積習勝緣。
설 행 부 득 불 실 선 종 유 성 내 세 적 습 승 연

故 唯心訣 云
고 유 심 결 운

聞而不信 尚結佛種之因 學而未成 猶盖人天之福。
문 이 불 신 상 결 불 종 지 인 학 이 미 성 유 개 인 천 지 복

由是觀之 不論末法與正法時殊 不憂自心昧之與明。
유 시 관 지 불 론 말 법 여 정 법 시 수 불 우 자 심 매 지 여 명

但生仰信之心 隨分修行 以結正因[1] 遠離劫弱。
단 생 앙 신 지 심 수 분 수 행 이 결 정 인 원 리 겁 약

當知 世樂非久 正法難聞。
당 지 세 락 비 구 정 법 난 문

豈可因循 虛送人生。
기 가 인 순 허 송 인 생

---

1. 정인正因은 부처님이 될 수 있는 올바른 인연을 말한다.

설령 수행하여 깨달음을 얻지 못했더라도, 좋은 마음의 씨앗을 잃지 않았기에 다음 생에도 역시 공부에 도움이 되는 뛰어난 인연을 쌓게 됩니다.

그러므로 『유심결』에서 "부처님의 법을 듣고서 믿지 않아도 부처님이 될 씨앗의 인연을 맺은 것이며, 공부하여 성취하지 못했더라도 인간 세상이나 천상에 태어날 복은 된다."라고 하였습니다.

이렇게 본다면 말법과 정법으로 시절인연이 좋은지 어떤지를 따질 것이 아니요, 자신이 둔하거나 총명한지를 우려할 일도 아닙니다.

오직 부처님을 우러러 믿는 마음을 내고 역량에 따라 힘껏 수행하면서, 부처님과 올바른 인연을 맺어 온갖 위험과 두려움에서 멀리 벗어나야 합니다.

그리하여 세속의 즐거움은 오래가지 않고 정법은 듣기조차 어려운 줄 마땅히 알아야 합니다. 그런데 어찌 어영부영하며 인생을 헛되이 보낼 수가 있겠습니까.

如是追念 過去 久遠已來 虛受一切身心大苦
여시추념 과거 구원이래 허수일체신심대고

無有利益 現在 卽有無量逼迫
무유이익 현재 즉유무량핍박

未來所苦 亦無分齊。
미래소고 역무분제

難捨難離 而不覺知。
난사난리 이불각지

況此身命 生滅無常 刹那難保
황차신명 생멸무상 찰나난보

石火風燈 逝波殘照 不足爲喩。
석화풍등 서파잔조 부족위유

歲月飄忽 暗催老相
세월표홀 암최노상

心地未修 漸近死門。
심지미수 점근사문

허망한 날들

곰곰이 생각해 보니, 오랜 전생 과거부터 몸과 마음으로 온갖 고통을 속절없이 받았으나, 아무런 이득도 없이 현재에도 헤아릴 수 없는 괴로움만 가득하고, 미래에 받을 고통도 그 끝이 없습니다.

이처럼 괴로움과 번뇌는 버리기 어렵고 떠나기도 어려운 것인데, 그 사실조차 모르고 있습니다.

하물며 이 목숨의 변화가 무상하여 찰나도 보존하기 어려우니, 삽시간에 사라지는 부싯돌의 불꽃이나 바람 앞의 등불, 잦아드는 파도나 석양의 저녁노을에도 비유될 수가 없습니다.

회오리바람처럼 세월은 자기도 모르게 휘몰아쳐 늙음을 재촉하니, 참마음을 아직 닦지도 못했는데 죽음의 문으로 시나브로 다가가는 것입니다.

念昔同遊 賢愚雜還
염 석 동 유 현 우 잡 환

今朝屈指 九死一生。
금 조 굴 지 구 사 일 생

生者如彼 次弟衰殘。
생 자 여 피 차 제 쇠 잔

前去幾何 尙復恣意 貪嗔嫉妬
전 거 기 하 상 부 자 의 탐 진 질 투

我慢放逸 求名求利 虛喪天日
아 만 방 일 구 명 구 리 허 상 천 일

無趣談話 論說天下。
무 취 담 화 논 설 천 하

或無戒德 空納信施 受人供養 無慚無愧
혹 무 계 덕 공 납 신 시 수 인 공 양 무 참 무 괴

如是等愆 無量無邊 其可覆藏。
여 시 등 건 무 량 무 변 기 가 부 장

不爲哀痛乎。
불 위 애 통 호

옛날 함께 돌아다니며 공부하던 사람들을 떠올리며, 오늘 아침 열 손가락으로 헤아려보니 현명하거나 어리석거나 가리지 않고 열에 아홉은 죽었습니다.

살아 있는 사람들도 저들처럼 서서히 병들고 늙어가고 있습니다.

그런데 앞으로 살날이 얼마나 남았다고, 마음 내키는 대로 욕심을 부리며 성내고 질투하며, 잘난 척 제멋대로 난봉이나 부리고 함부로 놀면서 명예와 이익을 찾느라 헛되이 세월을 보내고, 쓸데없는 이야기로 천하를 논하고 있는 것입니까.

또한 계율을 지킨 공덕도 없으면서 대수롭지 않게 신도의 시주 물품과 공양을 받고는 부끄러움도 없으니, 이와 같은 허물이 한량없는데도 이를 덮어 감출 수 있겠습니까. 어찌 애통해하지 않을 수 있겠습니까.

如有智者
여 유 지 자

當須兢愼 策發身心 自知己過
당 수 긍 신 책 발 신 심 자 지 기 과

改悔調柔 晝夜勤修 速離衆苦。
개 회 조 유 주 야 근 수 속 리 중 고

但依佛祖 誠實之言 爲明鏡
단 의 불 조 성 실 지 언 위 명 경

照見自心 從本而來 靈明淸淨 煩惱性空。
조 견 자 심 종 본 이 래 영 명 청 정 번 뇌 성 공

而復勤加決擇邪正 不執己見 心無亂想。
이 부 근 가 결 택 사 정 부 집 기 견 심 무 란 상

不有昏滯 不生斷見[1] 不着空有
불 유 혼 체 불 생 단 견 불 착 공 유

覺慧常明 精修梵行
각 혜 상 명 정 수 범 행

發弘誓願 廣度群品 不爲一身 獨求解脫。
발 홍 서 원 광 도 군 품 불 위 일 신 독 구 해 탈

---

1. 부처님 법을 떠난 외도는 단견이나 상견을 주장한다. 어떠한 모습이 있다는
   것에 집착하면 상견常見이고, 어떠한 모습도 없다는 것에 집착하면 단견斷見
   이다.

지혜로운 사람

지혜로운 사람이라면 반드시 삼가 몸과 마음을 잘 다스려 스스로 자신의 허물을 알고 참회하며, 조화롭게 삶의 균형을 잡아 밤낮으로 부지런히 수행하여 온갖 고통을 어서 빨리 여의어야 합니다.

오로지 부처님과 조사 스님의 진실한 말씀에만 의지하여 밝은 거울로 삼아, 자신의 마음은 본디부터 신령스레 밝고 맑아 깨끗하여, 번뇌의 성품이 공인 줄 비추어 보아야 합니다. 나아가 삿된 것과 바른 것을 속속들이 가려 자기의 소견에 집착하지 않음으로써 마음에 어지러운 생각이 없어야 합니다.

성성한 마음으로 단견을 내지 않고 공과 유有에도 집착하지 않으니, 깨달음의 지혜로 항상 밝고 깨끗하게 살아가야 합니다.

큰 원력을 세워 모든 중생을 제도해야 하니, 이 한 몸만 해탈하려는 것이 아니기 때문입니다.

如或世間事務 種種牽纏 或病苦所惱
여 혹 세 간 사 무 종 종 견 전 혹 병 고 소 뇌

或邪魔惡鬼所能恐怖
혹 사 마 악 귀 소 능 공 포

如是等 身心不安則 於十方佛前 至心洗懺。
여 시 등 신 심 불 안 즉 어 시 방 불 전 지 심 세 참

以除重障 禮念等行 消息知時
이 제 중 장 예 념 등 행 소 식 지 시

動靜施爲 或語或黙 一切時中 無不了知
동 정 시 위 혹 어 혹 묵 일 체 시 중 무 불 요 지

自他身心 從緣幻起 空無體性 猶如浮泡 亦如雲影。
자 타 신 심 종 연 환 기 공 무 체 성 유 여 부 포 역 여 운 영

一切毀譽 是非音聲 喉中妄出
일 체 훼 예 시 비 음 성 후 중 망 출

如空谷響 亦如風聲。
여 공 곡 향 역 여 풍 성

때로는 세간의 온갖 일에 얽히고설키기도 하고 병고에 시달리기도 하며, 사악한 마귀나 악귀 때문에 두려울 때도 있으니 이런 여러 가지 일로 몸과 마음이 불안하다면 시방세계 부처님 앞에 지극한 마음으로 참회해야 합니다.

참회로 무거운 업장을 제거하며 예불과 염불에 담긴 부처님의 참뜻을 알 때, 일상의 모든 삶 속에서 나와 남의 몸과 마음이 인연 따라 허깨비처럼 일어나지만, 그 바탕의 성품은 물거품이나 구름의 그림자처럼 텅 비어 없는 것인 줄 알게 됩니다.

온갖 비방과 칭찬, 옳고 그름을 따지는 소리도 목구멍에서 헛되이 나오는 것이니, 마치 빈 골짜기의 메아리나 바람 소리와 같습니다.

如是虛妄 自他境界 察其根由 不隨傾動 全身定質。
여시허망 자타경계 찰기근유 불수경동 전신정질

守護心城 增長觀照 寂爾有歸 恬然無間。
수호심성 증장관조 적이유귀 염연무간

當是時也 愛惡自然淡薄
당시시야 애오자연담박

悲智自然增明 罪業自然斷除 功行自然增進。
비지자연증명 죄업자연단제 공행자연증진

煩惱盡時 生死卽絶 生滅滅已
번뇌진시 생사즉절 생멸멸이

寂照現前 應用無窮 度有緣衆生。
적조현전 응용무궁 도유연중생

是爲了事人分上
시위요사인분상

無漸次中漸次 無功用中功用也。
무점차중점차 무공용중공용야

이처럼 허망한 나와 남의 경계에서 그 근본을 잘 살펴 그 어디에도 집착하지 않아야 온몸이 안정됩니다. 성처럼 마음을 잘 지키고 보호해야 마음을 챙기는 힘이 늘어나고, 고요한 마음자리로 돌아가야 언제나 편안하고 행복한 것입니다.

이때가 되면 아끼거나 싫어하는 마음이 자연스레 옅어지고, 자비와 지혜가 자연스럽게 더 밝아지며, 죄업이 저절로 끊어지고, 수행의 공력이 자연스럽게 늘어납니다.

번뇌가 다할 때 생사가 끊어지고 생멸하는 번뇌가 사라지니, 고요한 마음자리에서 나오는 빛이 눈앞에 드러나 끊임없이 인연 있는 중생들을 제도합니다.

따라서 할 일을 마친 사람은 '어떤 수행의 과정도 없는 데서 수행이 되는 것'이요, '어떤 수행의 공력도 없는 가운데에서 수행의 공력이 있는 것'입니다.

問曰 汝今解說者
문왈 여금해설자

先須信解自身 性淨妙心 方能依性修禪。
선수신해자신 성정묘심 방능의성수선

是乃從上已來 自修佛心 自成佛道之要術也。
시내종상이래 자수불심 자성불도지요술야

何故 凡見修禪之士 不發神通智慧乎。
하고 범견수선지사 불발신통지혜호

若無通力可現則 何名如實修行者也。
약무통력가현즉 하명여실수행자야

3장. 수행과 신통력

문: 스님께서 지금 "먼저 자신의 성품이 맑고 깨끗하며 오묘한 마음인 줄 믿고 알아야 비로소 자신의 성품에 의지하여 선禪을 닦을 수 있다. 이는 예로부터 스스로 부처님의 마음을 닦아 부처님의 도를 이루는 중요한 방법이다."라고 말씀하셨는데,

어째서 요즈음 참선하는 사람은 신통한 지혜를 내놓지 못합니까?

신통력을 드러내지 못하면 어떻게 실다운 수행자라 할 수 있겠습니까?

予笑曰。
여 소 왈

神通智慧 隨自正信佛心法力 加行用功而得之。
신 통 지 혜 수 자 정 신 불 심 법 력 가 행 용 공 이 득 지

比如磨鏡 垢漸盡而漸明 明現則影像千差。
비 여 마 경 구 점 진 이 점 명 명 현 즉 영 상 천 차

若也信解未正 功行未深
약 야 신 해 미 정 공 행 미 심

昏昏坐睡 以守黙爲禪則 何有神通自發也。
혼 혼 좌 수 이 수 묵 위 선 즉 하 유 신 통 자 발 야

先德[1]曰 汝等但向自己性海 如實而修 不要三明六
선 덕 왈 여 등 단 향 자 기 성 해 여 실 이 수 불 요 삼 명 육

通[2]。何以故 此是聖末邊事。
통 하 이 고 차 시 성 말 변 사

如今 且要識心達本 但得其本 莫愁其末。
여 금 차 요 식 심 달 본 단 득 기 본 막 수 기 말

---

1. 여기서 선덕은 앙산혜적仰山慧寂(807-883) 스님인데 당나라 선승으로서 광동
성 사람이다. 열일곱 살에 출가하여 탐원응진耽源應眞에게 가서 깊은 뜻을 깨달
은 뒤 얼마 안 있어 위산영우潙山靈祐를 찾아가 그의 법을 이어받았다.
2. 삼명육통三明六通에서 신족통, 천안통, 천이통, 타심통, 숙명통, 누진통을 육통
이라 하고 이 가운데 천안통, 숙명통, 누진통 셋을 특히 삼명이라 한다.

제가 웃으며 말하였습니다.

신통한 지혜는 스스로가 부처님의 마음을 바르게 믿는 법력에 따라 드러나며, 수행의 공력을 많이 쌓아야 얻는 것입니다.

비유하면 거울을 닦을 때 더러운 먼지가 점차 없어지면서 시나브로 거울이 밝아지고, 거울이 밝아지면 거울 속에 온갖 영상이 천차만별 나타나는 것과 같습니다.

만약 믿고 아는 것이 바르지 못하고 수행하는 공력이 깊지 못하여 혼미한 채 앉아 조는데, 이것으로 침묵을 지켰다며 선으로 삼는다면, 여기에 어찌 신통이 저절로 드러나겠습니까.

앙산혜적仰山慧寂 스님은 말하기를, "그대들은 자기 성품의 바다를 향하여 실답게 수행할 뿐, 육신통을 얻고자 하지 말아야 한다. 왜냐하면 이것은 성인에게는 곁가지 일이기 때문이다."라고 하셨습니다.

지금처럼 마음의 근본을 통달하려면 단지 근본만 얻을 뿐 그 곁가지를 얻지 못할까 걱정하지 말아야 합니다.

史山人 問 圭峰宗密¹禪師
사 산 인 문 규 봉 종 밀 선 사

凡修心地之法 爲當悟心卽了 爲當別有行門。
범 수 심 지 지 법 위 당 오 심 즉 료 위 당 별 유 행 문

若別有行門 何名禪門頓旨。
약 별 유 행 문 하 명 선 문 돈 지

若悟心卽了 何不發神通光明。
약 오 심 즉 료 하 불 발 신 통 광 명

答曰 識氷池而全水 藉陽氣而鎔銷 悟凡夫而卽眞 資
답 왈 식 빙 지 이 전 수 자 양 기 이 용 소 오 범 부 이 즉 진 자

法力而修習。氷銷則 水流潤 方呈漑滌之功 妄盡則 心
법 력 이 수 습 빙 소 즉 수 류 윤 방 정 개 척 지 공 망 진 즉 심

靈通 始發通光之應 修心之外 無別行門。
영 통 시 발 통 광 지 응 수 심 지 외 무 별 행 문

---

1. 규봉종밀 선사는 하택종의 스님이면서 화엄종의 제5조이다. 당나라 덕종德宗
때 사천성 과주果州 서충현西充縣에서 출생하였다. 성은 하何씨이며 유교에 정
통하였다. 25세 때 도원道圓 스님을 만나 808년도에 구족계를 받고 그 뒤 정중사
淨衆寺 신회神會의 제자 형남장荊南張을 찾아가 공부하였다. 뒷날 청량징관에
게 화엄교학을 배우고, 821년에는 규봉圭峯의 초당사로 들어가 저술활동을 하
며 선과 교는 하나라는 사상을 고취하였다. 그의 가르침에 감읍하여 배휴裴休와
같은 정치가들이 귀의하였다. 저서로는 『금강반야경소론 찬요纂要』 『선원제
전집 도서都序』 『중화전 심지선문心地禪門 사자승습도師資承襲圖』 등이 있다.
선종에서 하택신회, 남인南印, 도원, 종밀 스님으로 그 계보가 이어진다.

사산인史山人이 규봉 선사에게 물었습니다.

"마음 닦는 법은 마음을 깨치면 그만입니까? 아니면 따로 수행문이 있는 것입니까?

따로 수행문이 있는 것이라면 어찌 선문의 돈지頓旨라고 이름을 붙입니까? 마음을 깨쳐 그만이라면 왜 신통광명을 드러내지 못합니까?"

그러자 규봉 선사가 답하기를,

"얼어붙은 연못이 전부 물인 줄 알았지만, 햇볕에 녹아야 물이 되듯, 범부가 곧 참 부처님인 줄 깨달았지만, 법력을 키워서 닦아 익혀야 부처님이 된다.

얼음이 녹고 물이 흘러야 비로소 논에 물을 대거나 더러움을 씻어내는 공능이 드러나듯, 망념이 다하면 마음이 신령스레 통해 비로소 신통광명이 드러나니, 마음 닦는 것 이외는 별다른 수행문이 없다."라고 하였습니다.

以是當知 不愁相好 及與神通。
이 시 당 지 불 수 상 호 급 여 신 통

先須返照自心 信解眞正 不落斷常
선 수 반 조 자 심 신 해 진 정 불 락 단 상

依定慧二門 治諸心垢 卽其宜矣。
의 정 혜 이 문 치 제 심 구 즉 기 의 의

若也 信解未正
약 야 신 해 미 정

所修觀行 皆屬無常 終成退失 是謂愚夫觀行。
소 수 관 행 개 속 무 상 종 성 퇴 실 시 위 우 부 관 행

豈爲智人之行哉。
기 위 지 인 지 행 재

他教家 亦有簡辯觀行 深淺得失 其義甚詳
타 교 가 역 유 간 변 관 행 심 천 득 실 기 의 심 상

祗爲學人 唯習言說。
지 위 학 인 유 습 언 설

或高推聖境 不能內求自心
혹 고 추 성 경 불 능 내 구 자 심

亦不能鍊磨日久 知其功能耳。
역 불 능 연 마 일 구 지 기 공 능 이

이 때문에 마땅히 부처님의 상호나 신통을 얻지 못할까 걱정할 일이 아닌 줄 알아야 합니다.

마음 닦는 수행

먼저 모름지기 자신의 마음을 반조하여 믿고 아는 것이 참되고 올바른 것이므로 단견과 상견에 떨어지지 않고, 부처님의 마음과 지혜를 닦는 두 수행문에 의지하여 마음의 온갖 번뇌를 다스려야 마땅한 일입니다.

만약 믿고 아는 것이 올바르지 않으면, 마음 닦는 수행이 모두 헛것으로 끝내 공부에서 물러나니, 이는 어리석은 사람들의 수행입니다. 이것이 어찌 지혜로운 사람의 수행이 될 수 있겠습니까.

교가에서도 마음 닦는 수행을 공부의 깊이와 득실에 따라 그 이치를 매우 상세하게 밝히고 있지만, 학인들은 오로지 언변만 익히려는 경향이 있습니다.

그리하여 성현의 경지라고 높이 받들고 있지만, 안으로는 자신의 마음을 찾지도 못하면서 오랜 시간 공부도 하지 않고 공부의 효용가치만을 얻으려고 할 뿐입니다.

且如 元曉[1] 法師 云
차 여 원 효 법 사 운

如諸世間 愚夫觀行 內計有心 外求諸理。
여 제 세 간 우 부 관 행 내 계 유 심 외 구 제 리

求理彌細 轉取外相故 還背理去遠 若天與地。
구 이 미 세 전 취 외 상 고 환 배 이 거 원 약 천 여 지

所以終退沒 受無窮生死。
소 이 종 퇴 몰 수 무 궁 생 사

智者觀行 與此相反 外忘諸理 內求自心。
지 자 관 행 여 차 상 반 외 망 제 리 내 구 자 심

求心至極 忘理都盡 盡忘所取 取心都滅。
구 심 지 극 망 리 도 진 진 망 소 취 취 심 도 멸

所以能得至無理之至理 畢竟無退 還住無住涅槃[2]。
소 이 능 득 지 무 리 지 지 리 필 경 무 퇴 환 주 무 주 열 반

---

1. 원효元曉(617-686) 스님은 15세 때 출가하여 수행과 교학에 매진하던 젊은 시절
   을 보내고, 40대 중반에 깨달음을 체험한 뒤 환속하여 대중을 교화하며 저술에
   몰두한 뛰어난 학승이었다. 경·율·논과 대·소승 경전에 두루 능통했던 스님은
   불교사상을 새롭게 종합하고 체계화시켜 화쟁사상和諍思想을 천명함으로써
   고금의 오류를 바로 잡았다. 스님의 교학은 한국불교의 토대를 마련하였을 뿐
   만 아니라 중국과 일본에도 많은 영향을 미쳤다. 원효 스님의 교학은 중국 유학
   승과는 다른 특징이 보인다. 유학승들 대부분은 어떤 종파나 전공을 고수하고
   있었다. 이를테면 의상 스님은 화엄학을, 순경順憬 스님은 유식학을, 명랑明郎
   스님은 밀교를 전공했던 등이 그렇다. 이는 종파적 성격이 강한 중국 불교의
   영향이기도 했다. 그러나 원효 스님의 학문적 관심은 매우 다양해서 어느 한
   분야에만 집중되지 않았다. 종래의 중국 교판가들은 종파주의적 입장에서 벗어
   나지 못한 경향이 있었지만, 원효 스님은 객관적인 입장에서 종래의 잘못을 바
   로 잡고 공평한 판석을 내렸다고 평가받고 있다.

원효 스님도 다음과 같이 말씀하셨습니다.

"어리석은 세간 사람들은 마음 닦는 수행을 할 때, 밖에서 온
갖 이치를 찾으며 마음은 안에 있다고 분별한다.
온갖 이치를 구하는 마음이 많아지고 세밀해질수록 계속해
서 바깥 모습만 취하는 것이므로 도리어 참된 이치와는 하늘
과 땅만큼 멀리 등지게 된다.
그런 이유로 끝내는 공부에서 물러나 끝없이 생사윤회를 하
게 되는 것이다.

지혜로운 사람은 마음 닦는 수행을 할 때, 이와 반대로 밖으
로는 모든 이치를 잊고 안에서 자신의 마음을 찾는다.
찾는 마음이 지극하여 이치조차 다 사라졌다는 마음마저 잊
고, 그 마음을 취하는 것조차도 잊어 취하는 마음까지 모두
사라진다.

이러한 까닭에 이치가 없는 지극한 이치에 도달할 수 있고 끝
내 물러남이 없이 '시비분별로 집착하여 머무를 곳이 없는 평
온한 부처님의 마음자리'에 머물게 된다."

---

2. 무주열반無住涅槃은 시비분별로 집착하여 머무를 곳이 없는 평온한 부처님의
   마음자리를 말한다.

又 復小聖¹ 計心 先有生性故
우 부소성 계심 선유생성고

過微心 得心滅無 無智無照 不異空界。
과 미심 득심멸무 무지무조 불이공계

大士 解心 本無生性故
대사 해심 본무생성고

離細想 不得滅無 眞照智在 證會法界。
이 세상 부득멸무 진조지재 증회법계

如是辨別
여시변별

愚夫與智者 小乘及大乘人 觀行得失 不隱微毫。
우 부여지자 소승급대승인 관행득실 불은미호

是知 若禪若敎 古今得意 觀行之人
시 지 약선약교 고금득의 관행지인

皆達自心 妄想攀緣 本自無生。
개 달자심 망상반연 본자무생

---

1. 중생이 삶에 대한 집착을 떠나 온갖 번뇌를 끊고 부처님 세상을 찾으라는 부처님
   의 가르침을 잘못 알고 오로지 공空에만 집착하는 어리석음을 범하는 것을 소승
   교라고 한다. 오로지 공空만 주장하여 모든 것을 부정하다 보면 허무주의나 무
   기력한 삶에 빠지기가 쉽다. '소승小乘'이란 작은 수레란 뜻인데 보통 공空에만
   집착하여 폭이 좁게 공부를 하는 사람들을 가리킨다. '성문聲聞'과 '연각緣覺'이
   여기에 해당되므로 '이승二乘'이라고도 한다.

"한편 소승의 수행자는 마음에서 먼저 생겨나는 성품이 있는 것이므로, 이 미세한 번뇌를 통과하여 마음이 사라지고 없는 도리를 얻으면, 지혜로 비추어 볼 것이 없어 모든 것이 '허공과 다를 게 없다'고 생각한다.

그러나 대승의 보살은 마음에 본디 생멸하는 성품이 없으므로, 미세한 망상을 떠나도 마음 자체를 없앨 수 없음을 알기에, 진여에서 비추는 지혜로 법계를 증득해 안다."

이와 같이 원효 스님께서 어리석은 사람과 지혜로운 사람, 소승과 대승에서 공부하는 사람들의 마음 닦는 수행이 어떤 점에서 좋고 나쁜지를 가려 털끝만큼도 숨기지 않고 잘 설명해 놓았습니다.

이것으로 선종이든 교종이든 예나 지금이나 올바른 뜻으로 마음 닦는 사람들은 모두 자신의 마음에 통달하여, 망상으로 인해 온갖 일이 벌어질 뿐 마음은 본디 생멸이 없음을 알아야 합니다.

智智用中 無有間斷 證會法界
지 지 용 중 무 유 간 단 증 회 법 계

永與愚夫小乘 途路且別 豈可不觀自心。
영 여 우 부 소 승 도 로 차 별 기 가 불 관 자 심

不辨眞妄 未積淨業 而先索神通道力耶。
불 변 진 망 미 적 정 업 이 선 색 신 통 도 력 야

比夫未解乘舟 而欲怨其水曲者哉。
비 부 미 해 승 주 이 욕 원 기 수 곡 자 재

부처님의 지혜 하나하나가 펼쳐지면서 끊임없이 법계를 증득하여 아니, 어리석은 사람이나 소승에서 공부하는 사람과는 영원히 갈 길이 다른데, 어찌 자신의 마음을 챙기지 않을 수 있겠습니까.

진실과 거짓을 가리지 못하고 맑고 깨끗한 업을 쌓지도 않은 채, 먼저 신통한 도력만을 찾을 것입니까.

이를 비유하자면 노를 저어 배를 탈 줄도 모르면서, 물길이 굽이굽이 휘어졌다고 걱정하는 사람과 같습니다.

問 若約自己眞性 本自圓成 但任心自在 合他古轍。
문 약약자기진성 본자원성 단임심자재 합타고철

何須觀照 而無繩自縛乎。
하수관조 이무승자박호

答 末法時代 人多乾慧 未免苦輪。
답 말법시대 인다간혜 미면고륜

運意則 承虛託假
운의즉 승허탁가

出語則 越分過頭 知見偏枯 行解不等。
출어즉 월분과두 지견편고 행해부등

近來 禪門汎學輩 多有此病
근래 선문범학배 다유차병

皆云 旣自心本淨 不屬有無 何假勞形 妄加行用。
개운 기자심본정 불속유무 하가노형 망가행용

4장. 참 성품을 닦는 것

문: 만약 자기의 참 성품이 본디 오롯이 이루어진 것이라면, 다만 자유자재한 마음에 맡겨 다른 옛 성현의 발자취와 하나가 될 뿐입니다. 그런데 왜 마음을 챙긴다고 하여 밧줄도 없는데 자신을 묶는 것입니까?

답: 말법시대 사람들은 쓸데없는 지혜가 많아 윤회의 고통을 벗어나지 못하고 있습니다.

마음을 내면 헛되고 거짓되며, 말을 하면 분수에 넘쳐 지견이 한쪽으로 치우쳐 '실천하는 것'과 '아는 것'이 같지 않습니다. 근래 선문에서 공부하는 사람들이 대개 이런 병에 많이 걸려 있기에 모두 "이미 자신의 마음이 본디 깨끗하여 유有에도 무無에도 속하지 않는 것인데, 여기서 어찌 수고롭게 헛되이 수행을 더 할 필요가 있겠는가."라고 말하고 있습니다.

是以 效無碍自在之行 放捨眞修
시 이 효무애자재지행 방사진수

非唯身口不端 亦乃心行汚曲 都不覺知。
비유신구부단 역내심행오곡 도불각지

或 有執 於聖敎法相 方便之說
혹 유집 어성교법상 방편지설

自生退屈 勞修漸行 違背性宗。
자 생 퇴 굴 노 수 점 행 위 배 성 종

不信有如來爲末世衆生 開秘密之訣
불 신 유 여 래 위 말 세 중 생 개 비 밀 지 결

固執先聞 擔麻棄金也。
고 집 선 문 담 마 기 금 야

이 때문에 걸림 없이 자재한 삶을 흉내나 내며 진정한 수행을 버리니, 몸과 입이 단정치 못할 뿐만 아니라 마음마저 오염되고 왜곡되어 조금도 자신의 잘못을 깨닫지 못하고 있습니다.

어떤 이들은 부처님의 가르침에서 나오는 법에 집착하고 방편에 집착하여, 스스로 수승한 공부는 제쳐두고 수고로이 차근차근 부처님의 세상으로 가는 수행을 하겠다고 합니다. 이는 '자신이 있는 그 자리가 바로 부처님의 세상'이라는 성종性宗의 가르침을 등지는 것입니다.

그리하여 여래께서 말세의 중생을 위해 열어준 비결을 믿지 않고, 예전에 들은 것만 고집하니, 이는 보잘것없는 풀떼기나 들쳐 메고 황금을 버리는 모양새와 같습니다.

知訥 頻遇如此之類 雖有解說
지눌 빈우여차지류 수유해설

終不信受 但加疑謗而已。
종불신수 단가의방이이

何如先須信解 心性本淨 煩惱本空
하여선수신해 심성본정 번뇌본공

而不妨依解薰修者也。
이불방의해훈수자야

外攝律儀而忘拘執
외섭율의이망구집

內修靜慮而非伏捺。
내수정려이비복날

可謂 於惡斷 斷而無斷 於善修 修而無修 爲眞修斷矣。
가위 어악단 단이무단 어선수 수이무수 위진수단의

若能如是 定慧雙運 萬行齊修則
약능여시 정혜쌍운 만행제수즉

豈比夫空守黙之痴禪 但尋文之狂慧者也。
기비부공수묵지치선 단심문지광혜자야

제가 자주 이런 사람들을 만나 진리를 이야기해 주어도, 끝내 믿고 받아들이지를 않고 의심과 비방만 더할 뿐입니다.

이 사람들이 어찌 마음의 성품이 본디 깨끗하고 번뇌가 본래 공임을 이미 믿고 알아 이것에 의지하여 수행에 장애가 없는 사람들과 같을 수 있겠습니까.

지혜로운 사람들은 그 모습에서 계율과 위의가 드러나나 이에 집착하지 않고, 안으로 고요한 마음자리를 닦아나가나 억지로 마음을 억누르지 않습니다.

그러므로 악을 끊는 데서 끊어도 끊은 것이 없고, 선을 닦는 데서 닦아도 닦은 것이 없어, '참마음에서 악을 끊고 선을 닦는 것'이 됩니다.

이처럼 선정과 지혜로 온갖 보살행을 가지런히 닦아나간다면, 이를 어찌 부질없이 침묵만 지키는 어리석은 선객이나 문자만을 찾는 경솔한 학인의 수행과 비교할 수 있겠습니까.

且修禪一門 最爲親切 能發性上無漏功德[1].
차 수 선 일 문 최 위 친 절 능 발 성 상 무 루 공 덕

若得意修者 於一切時 行住坐臥 或語或黙
약 득 의 수 자 어 일 체 시 행 주 좌 와 혹 어 혹 묵

念念虛玄 心心明妙 萬德通光 皆從中發.
염 념 허 현 심 심 명 묘 만 덕 통 광 개 종 중 발

安得求道 恃本性而自安 不專定慧乎.
안 득 구 도 시 본 성 이 자 안 부 전 정 혜 호

翼眞記 云 定慧二字 乃三學之分稱 具云 戒定慧
익 진 기 운 정 혜 이 자 내 삼 학 지 분 칭 구 운 계 정 혜

戒 以防非止惡爲義 免墮三途[2].
계 이 방 비 지 악 위 의 면 타 삼 도

定 以稱理攝散爲義 能超六欲[3]
정 이 칭 이 섭 산 위 의 능 초 육 욕

慧 以擇法觀空爲義 妙出生死.
혜 이 택 법 관 공 위 의 묘 출 생 사

無漏聖人 因中修行[4] 皆須學此 故名三學.
무 루 성 인 인 중 수 행 개 수 학 차 고 명 삼 학

---

1. 무루공덕無漏功德은 번뇌가 없는 데서 나오는 부처님의 공덕을 말한다.
2. 삼악도三惡道는 지옥, 아귀, 축생으로 태어나는 곳을 말한다.
3. 육욕六欲은 안眼, 이耳, 비鼻, 설舌, 신身, 의意 여섯 감각기관에서 생기는 온갖
   욕망을 말한다.
4. 인중수행因中修行은 성불하기 위한 수행이 시작되는 자리를 말한다.

계정혜 삼학에 대하여

선 수행법은 가장 부처님 마음자리에 가까워 자신의 성품에 있는 부처님의 공덕을 드러나게 합니다.

만약 올바른 뜻을 알고 수행하는 사람이라면, 스물네 시간 행주좌와 어묵동정 모든 생활 속에서 생각마다 텅 비어 그윽하고 마음마다 밝고 미묘하여, 온갖 공덕의 신통광명이 그의 삶 속에서 모두 드러납니다. 그런데 어찌 도를 찾는다고 하면서, 본디 성품만 믿는다고 하여 스스로 안주하며 선정과 지혜에 마음을 모으지 않는 것입니까?

『익진기』에서, "선정과 지혜는 삼학三學에서 나온 이름으로, 계율은 잘못을 막는 데 뜻을 두어 삼악도三惡途에 떨어지는 것을 면하게 해준다. 선정은 이치에 맞게 흐트러진 마음을 거두는 데 뜻을 두어 온갖 욕망을 뛰어넘게 한다. 지혜는 법이 곧 공空인 줄 아는 것으로 뜻을 삼아 오묘하게 생사에서 벗어나게 한다. 번뇌가 없는 성인도 성불하기 위한 수행 터에서는 모두 계율과 선정과 지혜를 배워야 하므로 이를 '삼학'이라 한다."라고 하였습니다.

又 此三學 有隨相稱性之別 隨相如上說。
우 차삼학 유수상칭성지별 수상여상설

稱性者
칭성자

理本無我 戒也
이본무아 계야

理本無亂 定也
이본무란 정야

理本無迷 慧也 但悟此理 卽眞三學耳。
이본무미 혜야 단오차리 즉진삼학이

先德 曰
선덕 왈

吾之法門 先佛傳授 不論禪定精進 唯達佛之知見
오지법문 선불전수 불론선정정진 유달불지지견

此卽 但破隨相對治之名 不壞稱性三學。
차즉 단파수상대치지명 불괴칭성삼학

또 이 삼학은 수행 방편으로 말하거나 자신의 참 성품에 맞아 떨어지는 것으로 구분되는데, 방편으로 설한 삼학은 위에서 말한 것과 같습니다.

그러면 자신의 참 성품에 맞아떨어지는 삼학이란 무엇을 말합니까?

이치로 본디 '나'라 할 게 없는 것이 계율이요, 이치로 본래 어지러운 시비분별이 없는 것이 선정이며, 이치로 본디 어리석지 않는 것이 지혜이니, 이 이치만 깨달으면 곧 진정한 삼학입니다.

선덕先德께서, "나의 법문은 과거 부처님이 전해 주신 것인데, 선정과 정진을 논하지 않고 오직 부처님의 지견만 통달하게 할 뿐이다."라고 하였는데, 이는 방편으로 쓰인 삼학을 내려놓으라고 할 뿐, 자신의 참 성품에 맞아떨어지는 삼학을 무너뜨리는 것은 아닙니다.

故 曹溪¹ 云
고 조 계 운

心地無非 自性戒
심 지 무 비 자 성 계

心地無亂 自性定
심 지 무 란 자 성 정

心地無癡 自性慧 此之是也。
심 지 무 치 자 성 혜 차 지 시 야

又 所言禪者 有淺有深
우 소 언 선 자 유 천 유 심

謂外道禪 凡夫禪 二乘禪 大乘禪 最上乘禪
위 외 도 선 범 부 선 이 승 선 대 승 선 최 상 승 선

廣如禪源諸詮集² 所載。
광 여 선 원 제 전 집 소 재

---

1. 조계曹溪는 중국선종의 6조 혜능慧能(638-713) 스님을 말한다. 677년에 법성사
   인종 스님에게 구족계를 받고, 다음 해에 조계의 보림사로 옮겨 크게 선풍을
   일으키며 많은 신봉자를 얻었다. 신주新州 고향집을 국은사國恩寺로 만들고 거
   기에 보은탑을 건립한 뒤 713년 8월 3일 국은사에서 입적하였다. 혜능은 광동성
   소주韶州와 광주廣州에서 40여 년간 교화하였는데 그 가운데 소주 대범사大梵寺
   에서 행한 설법을 편집한 것이 후에『육조단경』이라는 이름으로 널리 퍼졌다.
   또한『금강경 해의解義』라는 저술이 있다. 혜능의 뛰어난 제자로는 청원행사靑
   原行思, 남악회양南嶽懷讓, 하택신회荷澤神會, 영가현각永嘉玄覺, 남양혜충南陽
   慧忠 등이 있다. 뒷날 중국의 오가칠종五家七宗은 모두 혜능에서 출발한 종파들
   이다.
2.『선원제전집禪源諸詮集』은 101권인데 규봉 스님이 저술하였다. 지금은 책의
   서문 격인『선원제전집도서禪源諸詮集都序』2권만 전해지는데 교와 선은 하나
   라는 사상을 고취하였다.

그러므로 육조 스님께서,

"마음에 그릇됨이 없는 것이 자신의 성품에 있는 계율이요, 마음에 어지러운 시비분별이 없는 것이 자신의 성품에 있는 선정이며, 마음에 어리석음이 없는 것이 자신의 성품에 있는 지혜이다."라고 말한 것입니다.

또 선의 깊이에 따라 외도선, 범부선, 이승선, 대승선, 최상승선이 있는데, 자세한 것은 『선원제전집도서』[1]에 실려 있는 내용과 같습니다.

---

1. 『선원제전집도서』에서 다음과 같이 말하고 있다. "참 성품은 더럽거나 깨끗한 것이 아니어서 범부나 성인에게 차별이 없지만, 선정이라면 깊거나 얕은 단계가 있어 차등이 있게 된다. 말하자면 잘못된 생각으로 하늘의 천상을 좋아하고 땅 밑의 지옥을 싫어하여 선정을 닦는 것은 외도선外道禪이 되고, 바르게 인과를 믿으나 또한 싫어하고 좋아하는 차별된 마음으로 선정을 닦는 것은 범부선凡夫禪이 되며, 아공我空을 깨달아 진여에 치우친 이치로 선정을 닦는 것은 소승선小乘禪이 되고, 아공我空과 법공法空을 깨달아 드러난 진리로서 선정을 닦는 것은 대승선大乘禪이 되는 것이다. 만약 자기의 마음이 본래 청정하여 번뇌 없는 무루지無漏智의 성품을 스스로 구족하고 있다는 것을 돈오頓悟하게 되면, 이 마음이 곧 부처님으로서 끝내 이 마음을 떠나 다른 부처님이 없는 것이다. 이를 의지하여 선정을 닦는 것이 최상승선最上乘禪이며 여래의 청정선淸淨禪이며 일행삼매一行三昧이며 또한 진여삼매라고 하니, 이것이 모든 삼매의 근본이 된다."

今之所論 心性本淨 煩惱本空之義 是當最上乘禪。
금 지 소 론 심 성 본 정 번 뇌 본 공 지 의 시 당 최 상 승 선

然 於用功門中 初心之人 不無權乘 對治之義。
연 어 용 공 문 중 초 심 지 인 불 무 권 승 대 치 지 의

故 此勸修文內 權實並陳 不可不知也。
고 차 권 수 문 내 권 실 병 진 불 가 부 지 야

定慧名義 雖殊
정 혜 명 의 수 수

要在當人信心不退 剋己成辦耳。
요 재 당 인 신 심 불 퇴 극 기 성 판 이

智度論[1] 云
지 도 론 운

若求世間近事 不能專精 事業不成
약 구 세 간 근 사 불 능 전 정 사 업 불 성

況學無上菩提 不用禪定。
황 학 무 상 보 리 불 용 선 정

1.『지도론』은『대지도론大智度論』의 약칭인데 100권으로 구성되었다. 용수 보
  살이 저술하고 구마라집이 번역했는데, 마하반야바라밀경을 자세히 풀이한
  것이다.

지금 논하는 '마음의 성품이 본디 깨끗하고 번뇌가 본래 공'이라는 뜻은 최상승선에 해당됩니다.

그러나 이 수행은 어느 정도 공력이 필요하기 때문에 초심자에게는 방편으로 번뇌를 다스리는 법을 알려주지 않을 수 없습니다.

그러므로 선정과 지혜를 함께 닦아 세상을 밝히도록 권하는 이 글에서는, 방편과 실상을 함께 설명하고 있다는 것을 몰라서는 안 됩니다.

방편과 실상에서 선정과 지혜의 이름과 뜻이 다를지라도, 공부의 요체는 본인 스스로 믿음에서 물러나지 않고, 이것으로 자신을 극복하여 생사공부를 마무리하는 데 있을 뿐입니다.

『지도론』에서는
"보통 세간의 일을 하는 데도 힘을 쏟지 않으면 안 되는데, 하물며 부처님의 깨달음을 배우는데 선정에 힘쓰지 않고서야 되겠는가."라고 하면서 게송을 덧붙였습니다.

偈 云
게 운

禪定金剛鎧 能遮煩惱箭
선 정 금 강 개 능 차 번 뇌 전

禪爲守智藏 功德之福田。
선 위 수 지 장 공 덕 지 복 전

囂塵蔽天日 大雨能淹之
효 진 폐 천 일 대 우 능 엄 지

覺觀風散心 禪定能滅之。
각 관 풍 산 심 선 정 능 멸 지

大集經[1] 云 與禪相應者 是我眞子
대 집 경   운 여 선 상 응 자 시 아 진 자

偈 云
게 운

閑靜無爲佛境界 於彼能得淨菩提
한 정 무 위 불 경 계 어 피 능 득 정 보 리

若有毀謗住禪者 是名毀謗諸如來。
약 유 훼 방 주 선 자 시 명 훼 방 제 여 래

---

1. 『대집경』은 『대방등대집경大方等大集經』의 약칭인데 대방등大方等은 대승경
   전에 다 통하는 명칭이다.

선정은 금강역사 갑옷과 같아
쏟아지는 화살 같은 번뇌를 막고
선정은 모든 지혜 담아 둔 곳간
온갖 공덕 키워내는 복밭이라네.

흩날리는 티끌들이 해를 가려도
큰비 오면 이들 모두 씻겨 나가듯
이리저리 흩날리는 산만한 마음
선정의 힘 이들 모두 가라앉히네.

『대집경』에서도 "선정 속에 사는 사람이 진정한 내 아들이
다."라고 하면서 게송을 덧붙였습니다.

한적하고 할 일 없어 부처님 경계
맑고 맑은 깨달음을 얻게 되리니
선정 속에 있는 이를 헐뜯는다면
모든 여래 비방하는 사람이라네.

正法念經¹ 云
정 법 염 경 운

救四天下人命 不如一食頃 端心正意。
구 사 천 하 인 명 불 여 일 식 경 단 심 정 의

起信論² 云
기 신 론 운

若人聞是法已 不生怯弱
약 인 문 시 법 이 불 생 겁 약

當知 是人 定紹佛種 必爲諸佛之所授記
당 지 시 인 정 소 불 종 필 위 제 불 지 소 수 기

假使有人 能化三千大千世界³滿中衆生 令行十善⁴
가 사 유 인 능 화 삼 천 대 천 세 계 만 중 중 생 영 행 십 선

不如有人 於一食頃 正思此法 過前功德 不可爲諭。
불 여 유 인 어 일 식 경 정 사 차 법 과 전 공 덕 불 가 위 유

---

1. 『정법염경』은 『정법염처경正法念處經』의 약칭인데 70권으로 구성되어 있다.
2. 『기신론』은 『대승기신론大乘起信論』의 약칭인데 마명 보살의 저술이다. 양나라 진제眞諦와 당나라 실차난타의 번역본이 있다.
3. '삼천대천세계'는 불교의 우주관이다. 수미산을 중심으로 그 주위에 네 개의 큰 대륙이 있고, 그 둘레에 아홉 개의 산과 그 사이에 여덟 개의 바다가 있는데, 이것을 우리들이 사는 작은 세계라 한다. 이 작은 세계 천 개가 '소천小千세계'이고, 소천세계 천 개가 '중천中千세계'이며, 이 중천세계 천 개를 '대천大千세계'라고 한다. 이 대천세계를 삼천세계 또는 삼천대천세계라 한다. 곧 10억 세계를 말한다.
4. '십선十善'은 몸으로 짓는 불살생不殺生·불투도不偸盜·불사음不邪婬과 입으로 짓는 불망어不妄語·불양설不兩舌·불악구不惡口·불기어不綺語와 뜻으로 짓는 불탐욕不貪慾·부진에不瞋恚·불사견不邪見을 말한다. '십악十惡'은 그 반대 행위이다.

『정법염경』에서도,

"동서남북 온 천하 사람들을 구제하는 공덕이라도, 잠깐 마음을 가다듬어 뜻을 바르게 하는 공덕만 못하다."라고 하였습니다.

『기신론』에서도,

"어떤 사람이 이 법을 듣고 두려운 마음을 내지 않는다면 마땅히 알아야 한다.

이 사람은 반드시 부처님이 될 것이니 모든 부처님이 성불할 기약을 주기 때문이다.

가령 어떤 사람이 삼천대천세계에 가득한 중생을 교화하여 열 가지 청정한 좋은 일을 실천했더라도, 그 공덕은 잠깐이나마 이 법을 바르게 생각하는 사람의 공덕만 못하다. 이 공덕이 앞사람의 공덕보다 뛰어난 것은 비교조차 할 수 없기 때문이다."라고 하였습니다.

是知 依此修行 諸善功德 不可勝言。
시 지 의 차 수 행 제 선 공 덕 불 가 승 언

若不安禪靜慮 業識茫茫 無本可據。
약 불 안 선 정 려 업 식 망 망 무 본 가 거

臨命終時 風火逼迫 四大離散
임 명 종 시 풍 화 핍 박 사 대 이 산

心狂熱悶 顚倒亂見。
심 광 열 민 전 도 난 견

上 無衝天之計 下 無入地之謀。
상 무 충 천 지 계 하 무 입 지 지 모

悼惶恐怖 失所依憑 形骸蕭索 猶如蟬蛻。
장 황 공 포 실 소 의 빙 형 해 소 색 유 여 선 태

迷途綿邈 孤魂獨逝。
미 도 면 막 고 혼 독 서

雖有寶玩珍財 一無將去。
수 유 보 완 진 재 일 무 장 거

雖有豪族眷屬 竟無一人 追隨救護者。
수 유 호 족 권 속 경 무 일 인 추 수 구 호 자

是謂自作自受 無人替代矣。
시 위 자 작 자 수 무 인 체 대 의

이처럼 선정을 닦아 얻는 수승한 공덕은 어떠한 말로도 다 표현할 수 없음을 알아야 합니다.

선정 속에 마음이 안정되지 못하면 업식이 아득하여 갈 곳이 없으니 의지할 수 있는 근본이 없습니다. 죽을 때 차가운 바람과 뜨거운 불길이 온몸을 몹시 괴롭히기에 이 몸이 지수화풍으로 뿔뿔이 흩어지니, 미친 듯 뜨거운 번민 속에서 잘못된 어지러운 생각들이 많아집니다.

위로는 하늘로 올라가 피신할 계책도 없고, 아래로는 땅속으로 숨어 들어갈 방도도 없습니다. 두려움과 공포 속에 의지할 곳을 잃고, 몸과 뼈가 말라비틀어지는 것이 마치 매미가 허물을 벗는 것과 같습니다.

길은 보이지 않고 갈 길은 먼데 외로운 혼은 홀로 가야만 합니다. 진귀한 보물이 있더라도 하나도 가져가지 못하고, 부귀영화를 함께 누리던 권속이 있더라도 마지막까지 뒤따라와서 챙겨줄 사람은 하나도 없습니다. 이는 자신이 지어 자기가 받는 과보를 대신할 사람이 아무도 없다는 것을 말합니다.

當是時也 將何眼目 以爲苦海之津梁。
당시시야 장하안목 이위고해지진량

莫言有少分有爲功德 免此患難。
막언유소분유위공덕 면차환난

百丈[1]和尚 云
백장 화상 운

縱有福智多聞 都不相救。
종유복지다문 도불상구

爲心眼未開 唯緣念諸境 不知返照 復不見佛道。
위심안미개 유연념제경 부지반조 부불견불도

一生所有惡業 悉現於前 或怖或欣。
일생소유악업 실현어전 혹포혹흔

六道五蘊現前 盡見嚴好舍宅 舟船車輿 光明現赫。
육도오온현전 진견엄호사택 주선거여 광명현혁

爲縱自心 貪愛所見 悉變爲好境。
위종자심 탐애소견 실변위호경

隨所見 重處受生 都無自由分 龍畜良賤 亦摠未定。
수소견 중처수생 도무자유분 용축양천 역총미정

---

1. 백장百丈(720-814) 스님은 강남성江南省 남창부南昌府 대웅산大雄山 일명 백장
   산에 살았던 회해懷海 선사를 말한다. 백장청규로 선종의 내규를 만들고 일일부
   작一日不作 일일불식一日不食이라는 말도 남겼는데, 20세 때 출가하여 남악법
   조 율사에게 구족계를 받고, 마조도일 스님에게 인가를 받았다. 남전보원南泉普
   願, 서당지장西堂智藏 함께 마조도일 스님의 뛰어난 제자이다. 그 분의 제자에
   위산영우潙山靈祐, 황벽희운黃檗希運 등이 있고, 이 법맥을 뿌리로 위앙종과 임
   제종이 성립하였다.

이때를 당해 어떤 안목을 가져야 괴로움의 바다를 건너는 의지처가 되겠습니까. 공덕을 조금 쌓은 것이 있다고 해서 이 환난을 면할 거라 말하지 말아야 합니다.

백장 스님께서는

"죽을 때 아무리 복덕과 지혜, 들은 것이 많더라도 이것은 조금도 목숨을 구해줄 수가 없다. 마음의 눈이 열리지 않아 오직 생각하는 온갖 경계만 어지럽게 일어날 뿐, 자신의 마음을 반조할 줄 모르니 결코 부처님의 도를 볼 수가 없다.
평생 지은 악업이 모두 눈앞에 나타나니 업에 따라 두려워하거나 기뻐하기도 한다. 육도 중생은 눈앞에 나타난 웅장한 주택과 멋진 배와 마차를 보기도 하는데 불그스레한 빛이 나기도 한다. 이는 자기 마음대로 욕심내고 좋아해서 보는 것으로, 온갖 악업의 경계가 수승한 경계로 변해서 나타난 것이다. 중생은 본 것을 좇아 업이 무거운 곳에 태어나므로 조금도 자유로운 구석이 없으니, 용이 될지 축생이 될지 양민이나 천민이 될지 아무것도 결정하지 못한다."라고 하였습니다.

是以 凡有高識遠志之人
시이 범유고식원지지인

先須深觀 三世業報 毫髮不差 無地可逃。
선 수 심 관 삼 세 업 보 호 발 불 차 무 지 가 도

今若緣差 不能進修 後必受苦 良可傷哉。
금 약 연 차 불 능 진 수 후 필 수 고 양 가 상 재

即於初中後夜
즉 어 초 중 후 야

関爾忘緣 兀然端坐 不取外相 攝心內照。
격 이 망 연 올 연 단 좌 불 취 외 상 섭 심 내 조

先以寂寂 治於緣慮
선 이 적 적 치 어 연 려

次以惺惺 治於昏沈 均調昏散 而無取捨之念。
차 이 성 성 치 어 혼 침 균 조 혼 산 이 무 취 사 지 념

令心歷歷 廓然不昧 無念而知。
영 심 역 력 확 연 불 매 무 념 이 지

非彼所聞 一切境界 終不可取。
비 피 소 문 일 체 경 계 종 불 가 취

若隨世緣 有所施作 悉當觀察 應作不應作 萬行無癈。
약 수 세 연 유 소 시 작 실 당 관 찰 응 작 불 응 작 만 행 무 폐

雖有所作 不失虛明 湛然常住。
수 유 소 작 불 실 허 명 담 연 상 주

이 때문에 높은 식견과 원대한 뜻이 있는 사람은, 먼저 삼세의 업보가 털끝만큼도 어긋나지 않기에 도망갈 곳이 없다는 것을 기필코 깊이 살펴야 합니다.

지금 인연이 어긋나 수행 정진할 수 없다면 뒷날 반드시 고통이 따라올 것이니 참으로 마음 아픈 일입니다.

지금 바로 초저녁이나 밤중 새벽을 가리지 않고, 조용할 때 온갖 반연을 잊고, 허리를 펴고 단정하게 앉아 바깥 경계를 취하지 말고 안으로 자기 마음을 살펴야 합니다.

먼저 마음을 비우고 비워 고요한 마음으로 쓸데없이 일어나는 생각을 다스리고, 깨어 있는 성성한 지혜로 침침한 마음을 다스리며, 흐릿하고 어두운 마음과 흐트러진 마음을 균형 있게 잘 다스려 취하거나 버린다는 생각이 없어야 합니다. 그러면 마음이 또렷또렷 탁 트인 채 모든 것이 분명하여, 알려는 생각이 없어도 알아차리게 됩니다.

제대로 들은 바른 것이 아니라면, 어떤 경계도 끝내 취할 수 있는 것이 아닙니다. 만약 세상의 인연에 따를 것이 있다면, 그것이 해야 할 일인지 아닌지를 살피고 그로 인해 어떤 일이 있어도 보살행을 그만두어서는 안 됩니다. 비록 하려는 바가 있더라도 텅 빈 충만을 잃지 않고 언제나 그 마음이 맑고 깨끗해야 합니다.

一宿覺[1] 云
일 숙 각 운

寂寂 謂 不念外境善惡等事
적 적 위 불 념 외 경 선 악 등 사

惺惺 謂 不生昏住無記[2]等相。
성 성 위 불 생 혼 주 무 기 등 상

若寂寂 不惺惺 此乃昏住。
약 적 적 불 성 성 차 내 혼 주

惺惺 不寂寂 此乃緣慮。
성 성 부 적 적 차 내 연 려

不寂寂 不惺惺 此乃非但緣慮 亦乃入昏而住。
부 적 적 불 성 성 차 내 비 단 연 려 역 내 입 혼 이 주

亦寂寂 亦惺惺
역 적 적 역 성 성

非唯歷歷 兼復寂寂 此乃還源之妙性也。
비 유 역 력 겸 부 적 적 차 내 환 원 지 묘 성 야

---

1. 일숙각一宿覺은 영가현각永嘉玄覺 선사를 말하는데, 이 분은 출가하여 천태의 지관止觀에 통달하였다. 뒷날 조계산에서 좌계현랑左溪玄朗의 권유로 동양현 책東陽玄策과 함께 육조 스님을 뵙고 인가를 받은 뒤 하룻밤만 자고 떠났기에 사람들이 일숙각이라 불렀다. 또한 효심이 지극하여 출가한 후에도 어머니와 누이를 봉양하면서 누이에게 많은 지도를 받기도 하였다. 저술에 『증도가』와 『선종영가집』이 있으며 육조 스님의 5대 제자 가운데 한 분이다.
2. 무기無記는 선도 아니고 악도 아니기에 선악으로 기록할 수 없다는 뜻이다.

영가현각永嘉玄覺 스님께서 이르기를,

"마음을 비우고 비운 고요한 마음[寂寂]이란 바깥 경계로 나타나는 선과 악에 조금도 집착하지 않는 것을 말한다. 깨어 있는 성성한 지혜[惺惺]란 흐릿하고 어두운 마음이나 선도 악도 아닌 그런 마음을 내지 않는 것을 말한다.

만일 마음을 비우고 비운 고요한 마음이기만 하고 깨어 있는 성성한 지혜가 생겨나지 않으면 이것은 침침한 마음속에 있는 것이다. 성성한 지혜만 있고 적적하고 고요한 마음이 없으면 이는 쓸데없이 일어나는 생각 속에 있는 것이다.
적적하고 고요한 마음도 아니고 성성한 지혜도 아니라면 이는 반연하는 생각 속에 있을 뿐만 아니라, 또한 침침한 마음속에 빠진 것이다.

적적하고 고요한 마음이기도 하고 성성한 지혜이기도 하면, 마음이 또렷또렷할 뿐만 아니라 아울러 적적하고 고요한 마음이기도 하니, 이것이야말로 근원으로 돌아간 오묘한 성품이다."라고 하였습니다.

十疑論[1]註 云
십 의 론 주 운

無念者 卽是眞如三昧
무 념 자 즉 시 진 여 삼 매

直須惺惺寂寂 不起攀緣 實相相應。
직 수 성 성 적 적 불 기 반 연 실 상 상 응

先德 云
선 덕 운

凡夫有念有知
범 부 유 념 유 지

二乘無念無知 諸佛無念而知。
이 승 무 념 무 지 제 불 무 념 이 지

如上言敎
여 상 언 교

是修心人 定慧等持 明見佛性之妙門也。
시 수 심 인 정 혜 등 지 명 견 불 성 지 묘 문 야

有智之人 切須審詳 豈可徒標大意 而便棄修行耶。
유 지 지 인 절 수 심 상 기 가 도 표 대 의 이 변 기 수 행 야

---

1. 『십의론』은 중국 수나라 때 천태지의天台智顗(538-597) 스님이 지은 논서
   인데, 아미타경의 정토왕생에 대한 열 가지 의심을 문답식으로 해결한 것이다.

『십의론』에서 풀이하여 말하기를,

"무념은 곧 진여삼매이니, 모름지기 바로 성성적적해야 반연을 일으키지 않고 실상과 상응한다."라고 하였습니다.

선덕께서 이르기를,

"범부는 자기의 생각이 있고 그것으로 아는 것도 있다. 이승은 자기의 생각이 없고 자기의 생각이 없기 때문에 아는 것도 없다. 부처님은 어떤 생각도 없는데 모든 것을 안다."라고 하였습니다.

이와 같은 가르침은 마음 닦는 사람이 선정과 지혜를 함께 지니고 부처님의 성품을 분명하게 보는 오묘한 수행문입니다.

지혜로운 사람은 부디 자세히 살펴야 할 것이니, 어찌 부질없이 큰 뜻만 표방한다고 하면서 바로 수행을 버릴 수 있겠습니까.

問曰 諸佛妙道 深曠難思 只令末世衆生
문왈 제불묘도 심광난사 지령말세중생

觀照自心 而希佛道 自非上根 未免疑謗。
관조자심 이희불도 자비상근 미면의방

予笑曰。前來問意 何爲自高 此問何爲自卑。
여소왈 전래문의 하위자고 차문하위자비

且莫草草 吾語汝。
차막초초 오어여

馬鳴[1]菩薩 撮略百本大乘經典 造起信論 直標云
마명보살 촬략백본대승경전 조기신론 직표운

所言法者 謂衆生心 是心卽攝一切世間 出世間法
소언법자 위중생심 시심즉섭일체세간 출세간법

依於此心 顯示摩訶衍義。
의어차심 현시마하연의

蓋恐衆生 不知自心 靈妙自在 向外求道耳。
개공중생 부지자심 영묘자재 향외구도이

---

1. 마명 보살은 부처님이 열반 하신 뒤 600년경에 나타난 대승의 논사로서 대승불
   교의 시조라고도 한다. 『대승기신론』의 저자이다.

5장. 마음 챙겨 부처님의 도를 찾는 것

문: 부처님의 미묘한 도는 넓고 깊어 헤아리기 어려운데, 말세 중생에게 자기 마음만 챙겨 부처님의 도를 찾으라 하니, 상근기가 아니면 이 말을 의심하고 비방하지 않겠습니까?

저는 웃으며 말하였습니다.

지난번 질문은 스스로 자신을 높이더니, 이번에는 왜 스스로 자신을 낮추고 있습니까. 초조해 하지 마십시오. 제가 그대에게 말해주겠습니다.

마명 보살은 백 권의 대승 경전을 모아 간추려 『기신론』을 저술하고, "이른바 법이란 중생의 마음이니, 이 마음이 모든 세간과 출세간의 법을 거두고, 이 마음에 의지하여 부처님 마음에 대한 이치를 드러내 보인다."라고 바로 선언하였습니다. 이는 아마도 중생이 자기 마음이 신령스레 오묘하고 자재한 줄 알지 못하여, 밖으로 도를 구할까 염려했기 때문입니다.

圓覺經 云
원 각 경 운

一切衆生 種種幻化
일 체 중 생 종 종 환 화

皆生如來圓覺妙心 猶如空花從空而有。
개 생 여 래 원 각 묘 심 유 여 공 화 종 공 이 유

裴相國¹ 云
배 상 국 운

血氣之屬 必有知 凡有知者 必同體。
혈 기 지 속 필 유 지 범 유 지 자 필 동 체

所謂 眞淨明妙 虛徹靈通 卓然而獨尊者也。
소 위 진 정 명 묘 허 철 영 통 탁 연 이 독 존 자 야

背之則凡 順之則聖。
배 지 즉 범 순 지 즉 성

---

1. 배상국은 배휴裵休(797-870)를 말하며 상국은 재상宰相이라는 뜻이다. 규봉종
밀 스님과 가까운 벗이었고 황벽희운 스님을 자기 관할 용흥사로 초빙하여 공부
하였다. 그의 저서로는 황벽 스님과의 문답을 실은『전심법요傳心法要』가 전해
지고, 또 규봉종밀 스님의 저서『선원제전집도서』에 서문을 짓기도 하였다.

『원각경』에서는,

"모든 중생과 온갖 허깨비는 다 여래의 '오롯한 깨달음 미묘한 마음'에서 나오니, 마치 허공에 '허공의 꽃'이 있는 것과 같다."라고 하였습니다.

배상국은 말하기를,

"살아 있는 중생은 반드시 앎이 있고, 무릇 앎을 지녔다면 그 바탕은 틀림없이 같다. 이 바탕은 이른바 참으로 맑고 밝고 오묘하며, 텅 비어 있으면서도 신령스레 모든 것에 다 통하면서, 우뚝 홀로 존귀한 것이다. 이것을 등지면 범부요, 이것을 따르면 성인이다."라고 하였습니다.

雲盖智[1] 禪師 常謂門人曰
운 개 지 선 사 상 위 문 인 왈

但莫瞞心 心自靈聖。
단 막 만 심 심 자 영 성

此等 是諸經論 及天下善知識 所留言句中微旨也。
차 등 시 제 경 론 급 천 하 선 지 식 소 유 언 구 중 미 지 야

但時人自欺自瞞 日用而不自信自修耳。
단 시 인 자 기 자 만 일 용 이 부 자 신 자 수 이

設或有信之者 不加決擇 隨情向背 未免斷常。
설 혹 유 신 지 자 불 가 결 택 수 정 향 배 미 면 단 상

而堅執己見 豈可與之語道也。
이 견 집 기 견 기 가 여 지 어 도 야

---

1. 운개지雲盖智 선사는 성은 진陳씨이고 이름은 수지守智이며 운개雲盖는 호이다.
23세에 출가하여 처음 구강九江에서 대영관大寧寬에게 공부하고 뒤에 황룡남
공黃龍南公에게 인가를 받았다. 황룡남공이 입적한 뒤 서당西堂에 물러나 문을
닫고 30년 동안 참구하니 납자들이 모두 우러러 보았다. 정화政和 5년(1115) 나
이 91세에 입적하였다.

운개지 선사는 항상 문인들에게 말하기를,

"자기 마음을 속이지만 않으면 마음은 저절로 신령하고 성스럽다."라고 하였습니다.

여러 경전은 물론 수많은 선지식이 이런 오묘한 이치를 설하였습니다.

다만 요즈음 사람들은 자신이 자신을 속여 일상생활 속에서 자신을 믿지 않고 닦지 않을 뿐입니다.

설혹 믿는 이가 있더라도 한 걸음 더 나아가 결단하지 못하고, 알음알이에 따라 옳고 그름을 가리면서 단견과 상견을 벗어나지 못합니다.

자기의 소견만 옳다고 집착하니, 어찌 그들과 더불어 도를 이야기할 수 있겠습니까.

問曰 修多羅[1]中 演說百千三昧 無量妙門 布網張羅
문왈 수다라 중 연설백천삼매 무량묘문 포망장라

該天括地 諸菩薩 依敎奉行 至於斷證階位 則遂有三
해천괄지 제보살 의교봉행 지어단증계위 즉수유삼

賢[2]十地[3]等妙[4]二覺。
현 십지 등묘 이각

今 但依惺惺寂寂二門 對治昏沈緣慮 終期究竟位者
금 단의성성적적이문 대치혼침연려 종기구경위자

如認一微漚 以爲窮盡瀛渤 不其惑乎。
여인일미구 이위궁진영발 불기혹호

---

1. 수다라修多羅는 경전을 말한다.
2. 3현賢은 보살의 수행지위인 10주住, 10행行, 10회향廻向을 말한다.
3. 10지地 보살은 10성聖이나 지상地上 보살이라고도 한다. 10지는 단계별로 환희
   지歡喜地 이구지離垢地 발광지發光地 염혜지焰慧地 난승지難勝地 현전지現前地
   원행지遠行地 부동지不動地 선혜지善慧地 법운지法雲地가 있다.
4. 등각, 묘각은 보살수행의 마지막 단계 51위와 52위를 말한다. 오십이위는 보살
   이 거듭 수행하여 깨달음에 이르는 과정을 52단계로 나눈 것이다. 곧 십신十信
   십주十住 십행十行 십회향十廻向 십지十地 등각等覺 묘각妙覺이다.

6장. 부처님 마음에서 드러나는 지혜

문: 경에서 온갖 삼매와 한량없는 미묘한 법문을 설하면서 이 그물을 펼쳐 하늘과 땅을 다 감싸니, 모든 보살이 이 가르침을 의지해 받들고 실천하여 번뇌를 끊고 성현의 위치에 오른즉, 마침내 3현賢, 10지地, 등각, 묘각의 경지에 이르는 것입니다.

그런데 지금 성성惺惺과 적적寂寂의 두 가지 수행문에만 의지하여, 침침한 마음과 경계에 반연하는 생각들을 다스리는 것으로 부처님의 세상을 기약하는 것은, 작은 물거품 하나를 큰 바다로 여기는 것과 같으니, 그야말로 어리석지 않습니까?

答 今時 修心人 具佛種性¹
답 금시 수심인 구불종성

依頓宗直指之門 發決定信解者
의 돈 종 직 지 지 문 발 결 정 신 해 자

直了自心 常寂 直然惺惺。
직료자심 상적 직연성성

依此而起修故 雖具修萬行
의 차 이 기 수 고 수 구 수 만 행

唯以無念爲宗 無作爲本也。
유 이 무 념 위 종 무 작 위 본 야

以無念無作故
이 무 념 무 작 고

無有時劫 地位漸次之行 亦無法義差別之相。
무 유 시 겁 지 위 점 차 지 행 역 무 법 의 차 별 지 상

以具修故 塵數法門 諸地功德 妙心體具 如如意珠。
이 구 수 고 진 수 법 문 제 지 공 덕 묘 심 체 구 여 여 의 주

此中惺惺寂寂之義
차 중 성 성 적 적 지 의

或直約離念心體 或約用功門說之。
혹 직 약 이 념 심 체 혹 약 용 공 문 설 지

---

1. 불종성佛種性은 부처님이 될 수 있는 성품이다.

답: 이 시대에 마음 닦는 사람들도 부처님이 될 수 있는 성품을 갖추었습니다.

그러므로 돈종頓宗에서 바로 그 마음의 성품을 가리키는 수행문에 의지하여 결정적 믿음으로 깨달은 것을 드러내는 사람은, 바로 자기 마음이 항상 적적寂寂하며 적적한 그대로가 성성惺惺한 줄 압니다.

이 앎에 의지하여 수행하므로 온갖 보살행을 갖추어 닦더라도, 오직 망념이 없는 '무념無念'으로 종지를 삼고 조작이 없는 '무작無作'으로 근본을 삼는 것입니다.

망념이 없고 조작이 없으므로 수행하는 데 오랜 세월이 걸리지도 않고 단계에 따라 점차적으로 수행할 필요도 없으며, 또한 법과 뜻에 차별이 있는 모습도 없습니다. 온갖 보살행을 갖추어 닦으므로 티끌처럼 많은 법문, 온갖 지위에 있는 공덕, 오묘한 마음의 바탕이 갖추어지니 마치 여의주와 같습니다.

이 가운데 성성적적惺惺寂寂이란 뜻은 바로 망념을 여읜 마음의 바탕을 기준 삼아 하는 말이기도 하고, 또는 공력을 사용하는 수행문을 기준 삼아 하는 말이기도 합니다.

故 修性俱圓 理行兼暢 修行徑路 莫斯爲最。
고 수성구원 이행겸창 수행경로 막사위최

但得意修心 脫生死病爲要
단 득의수심 탈생사병위요

何容名義諍論 而興見障乎。
하용명의쟁론 이흥견장호

而今 若善得離念心體 卽與佛智相契
이금 약선득이념심체 즉여불지상계

何論三賢十聖 漸次法門。
하론삼현십성 점차법문

圓覺修證儀 云
원각수증의 운

頓門無定位 心淨卽名眞。
돈문무정위 심정즉명진

起信論 云
기신론 운

所言覺義者 謂心體離念 離念相者 等虛空界 無所不
소언각의자 위심체이념 이념상자 등허공계 무소불

遍 法界一相 卽是如來平等法身。
변 법계일상 즉시여래평등법신

又 云 若有衆生 能觀無念者 卽爲向佛智故。
우 운 약유중생 능관무념자 즉위향불지고

94 정혜결사문

그러므로 수행과 성품이 함께 오롯하고 이치와 실행이 동시에 펼쳐지니 수행의 지름길로 이보다 더 좋은 것은 없습니다. 뜻을 알고 마음을 닦아 생사의 병에서 벗어나는 것이 요긴할 뿐, 어찌 개념과 이치로 논쟁하여 정견의 장애를 일으킬 것입니까. 지금 망념을 여읜 마음의 바탕을 잘 알면 바로 부처님의 지혜와 하나가 될 것인데, 어찌 삼현三賢 십성十聖의 점차 법문을 논하겠습니까.

『원각수증의』에서,

"단숨에 깨닫는 수행문에서는 결정된 지위가 없이, 마음이 깨끗한 것이 곧 참 부처님이다."라고 말하였습니다.

『기신론』에서는,

"깨달음이란 마음의 바탕에 망념이 없는 것을 말한다. 망념이 없는 모습은 허공과 같아, 어떤 곳에도 두루 하지 않은 데가 없어 법계와 한 모습이니, 곧 이것이 여래의 평등 법신이다."라고 하면서, 또 "어떤 중생이라도 무념을 챙길 수만 있다면 부처님의 지혜로 향하게 된다."라고 하였습니다.

四祖¹ 謂融²禪師曰
사 조 위 융 선 사 왈

夫百千三昧 無量妙門 盡在汝心。
부 백 천 삼 매 무 량 묘 문 진 재 여 심

故知 若不了自心 圓該諸法
고 지 약 불 료 자 심 원 해 제 법

又 不知聖教 千途異說 隨順機宜 無不指歸 自心法界。
우 부 지 성 교 천 도 이 설 수 순 기 의 무 불 지 귀 자 심 법 계

而返執文字 差別義門 又 自生怯弱 望滿於三祇行位
이 반 집 문 자 차 별 의 문 우 자 생 겁 약 망 만 어 삼 지 행 위

者 非性宗得意修心者也。如有此病 請從今改。
자 비 성 종 득 의 수 심 자 야 여 유 차 병 청 종 금 개

近 於故人處 得五位修證圖³
근 어 고 인 처 득 오 위 수 증 도

乃建州大中寺 講學沙門 永年排定
내 건 주 대 중 사 강 학 사 문 영 년 배 정

杭州 祥符寺 傳華嚴教 明義大師 曇慧 重詳定。
항 주 상 부 사 전 화 엄 교 명 의 대 사 담 혜 중 상 정

---

1. 중국 선종의 4조 도신道信 스님은 14세에 3조 승찬僧燦 스님을 뵙고 9년 만에
   인가를 받으셨다. 훗날 5조 홍인 스님에게 법을 전하였다.
2. 우두법융牛頭法融(594-657)은 수나라 말기 당나라 초기 때 스님이다. 우두종의
   개조이고 4조 도신 스님의 제자로 저서로는『절관론絕觀論』이 있다.
3. 『오위수증도五位修證圖』는 10주住·10행行·10회향回向·10지地·11지地인
   등각等覺 다섯 가지를 수행하고 증득하는 과정을 그린 그림이라 한다.

4조 도신 스님은 법융 스님에게 이르기를,

"온갖 삼매와 한량없는 미묘한 법문이 모두 그대 마음에 있다."라고 하였습니다.

그러므로 알아야 합니다. 자기 마음에 온갖 법을 오롯이 갖추고 있음을 알지 못한다면, 부처님의 온갖 가르침이 중생의 근기에 맞추어 자기 마음의 법계로 돌아가게 하는 것 또한 알지 못합니다.

그런데 도리어 문자로 차별된 뜻에 집착하고 스스로 겁을 내면서 삼아승지겁 동안 점차 수행해 깨닫고자 하는 사람은 성종性宗의 뜻을 알고 마음을 닦는 사람이 아닙니다. 이런 병이 있다면 지금 당장 고치기를 바랍니다.

근래 옛 친구 처소에서 『오위수증도』를 얻었는데 그것은 건주 대중사에서 교학을 강의했던 영년永年 스님이 그림을 편집하고, 항주 상부사에서 화엄을 가르친, 부처님의 뜻을 잘 아는 담혜 스님이 다시 상세히 교정을 본 것입니다.

其序 云
기 서 운

夫無上菩提 在三無數劫[1]外 五位修行 六度圓滿 方能
부 무 상 보 리 재 삼 무 수 겁 외 오 위 수 행 육 도 원 만 방 능

證得。今列頓漸兩途。
증 득 금 열 돈 점 양 도

若圓頓門 從衆生界 善男子等 具佛種性 一念
약 원 돈 문 종 중 생 계 선 남 자 등 구 불 종 성 일 념

背塵合覺 不歷僧祇 直至悟界 謂之頓超見性成佛。
배 진 합 각 불 력 승 지 직 지 오 계 위 지 돈 초 견 성 성 불

若三乘漸次 五位聖賢 須歷三祇 方成正覺。
약 삼 승 점 차 오 위 성 현 수 력 삼 지 방 성 정 각

如是辨明 至於圖中排定 頓漸行相 亦不相雜糅。
여 시 변 명 지 어 도 중 배 정 돈 점 행 상 역 불 상 잡 유

所以然者 以其衆生根機
소 이 연 자 이 기 중 생 근 기

或有二乘種性 或菩薩種性 或佛種性 利鈍各別故也。
혹 유 이 승 종 성 혹 보 살 종 성 혹 불 종 성 이 둔 각 별 고 야

---

1. 삼아승지겁은 보살의 수행이 완성되는 기간을 말한다. 10신信, 10주住, 10행行,
   10회향回向 까지는 제1아승지겁의 세월이 걸리고, 10지地 가운데 초지로부터
   제7지까지 제2아승지겁이 걸리며, 제8지에서부터 제10지까지가 제3아승지겁
   이 걸린다. 여기서 마지막 단계를 거쳐 깨달음을 얻는다.

그 서문에서 이르기를,

"부처님의 깨달음은 삼아승지겁 세월 밖에 있기에 다섯 지위를 거치는 수행과 육도만행을 오롯이 갖추어야 비로소 증득할 수 있다. 그러므로 지금 돈頓과 점漸 두 길을 보여주고자 한다.

여기서 언급하는 오롯하게 단숨에 깨닫는 수행문인 원돈문 圓頓門을 닦는다면 모든 사람이 부처님이 될 성품을 갖추었기에 한 생각에 번뇌를 없애고 깨달아, 이승지겁의 세월을 거치지 않고도 바로 깨달음의 세상으로 들어가니, 이를 단숨에 뛰어넘는 '견성성불'이라 한다.

만약 삼승의 점차 수행으로 닦는다면 다섯 단계를 거치는 성현은 모름지기 삼아승지겁을 지나야 비로소 깨달음을 이룬다."라고 하였습니다.

이렇게 분명하게 밝히면서 그림 가운데 돈頓과 점漸의 행상 行相을 나열하니 서로 뒤섞이지 않았습니다. 왜냐하면 중생들의 근기가 이승, 보살, 부처님이 될 성품으로 저마다 달랐기 때문입니다.

敎中 亦有如是 具佛種性衆生 於生死地面上 頓悟佛乘
교중 역유여시 구불종성중생 어생사지면상 돈오불승

齊證齊修之旨 何獨南宗[1] 有頓門耶。
제증제수지지 하독남종 유돈문야

但學敎學禪之者 雖遇妙旨 高推聖境 自生怯弱
단학교학선지자 수우묘지 고추성경 자생겁약

未能深觀 自心日用 見聞覺知之性 是無等等 大解脫
미능심관 자심일용 견문각지지성 시무등등 대해탈

故 生多般疑惑耳。
고 생다반의혹이

此後 更引誠證 具明頓超見性者
차후 갱인성증 구명돈초견성자

雖不籍三乘 漸次行位 亦不礙悟後圓修行門。
수부적삼승 점차행위 역불애오후원수행문

如是悟修本末 不離圓明覺性惺寂之義。
여시오수본말 불리원명각성성적지의

願令修心人 遷權就實 不枉用功 自他速證無上菩提。
원령수심인 천권취실 불왕용공 자타속증무상보리

---

1. 중국 선종에서 신수神秀 스님의 계통을 북종이라고 하고, 육조혜능 스님의 계통
   을 남종이라 한다.

교종에서도 이처럼 부처님이 될 성품을 갖춘 중생이 생사 속에서 부처님의 마음을 단숨에 깨달아 가지런히 다 증득하고 닦는다는 이치가 있으니, 어찌 유독 남종에만 단숨에 깨닫는 수행문이 있겠습니까.

다만 교와 선을 배우는 사람들이 오묘한 뜻을 만나도 성인의 경지라고 높이 올려놓고 스스로 겁을 내니, 자기 마음에서 보고 듣고 깨닫는 성품이 견줄 데 없는 큰 해탈인 줄 깊이 살필 수 없기 때문에 많은 의혹을 일으켰을 뿐입니다. 뒤에 다시 진실한 증거를 끌어와 구체적으로 살피겠습니다.

오직 공적영지일 뿐

단숨에 뛰어넘어 견성한다는 것은, 삼승의 점차 수행하는 절차를 밟지 않아도, 공적영지를 깨달은 뒤 오롯이 수행하는 방법과 부딪치지 않습니다.

이와 같은 깨달음과 수행의 근본과 곁가지는 오롯하고 밝은 깨달음의 성품인 성성적적의 뜻을 벗어나지 않습니다. 원컨대 마음 닦는 사람들이 방편을 버리고 실상에 나아가, 수행의 공력을 잘못 쓰지 말고 모두 하루빨리 깨달음을 증득하기를 바랄 뿐입니다.

且如法集別行錄[1] 云
차 여 법 집 별 행 록　　운

始自發心乃至成佛 唯寂唯知 不變不斷 但隨地位 名
시 자 발 심 내 지 성 불　유 적 유 지　불 변 부 단　단 수 지 위　명

義稍殊。謂 約了悟時 名爲理智 約發心修時 名爲止
의 초 수　위　약 요 오 시　명 위 이 지　약 발 심 수 시　명 위 지

觀。約任運成行 名爲定慧 約煩惱都盡 功行圓滿 成佛
관　약 임 운 성 행　명 위 정 혜　약 번 뇌 도 진　공 행 원 만　성 불

之時 名爲菩提涅槃。
지 시　명 위 보 리 열 반

當知始自發心 乃至畢竟 唯寂唯知。
당 지 시 자 발 심　내 지 필 경　유 적 유 지

據此錄之旨則 雖今時凡夫 能廻光返照 善知方便
거 차 록 지 지 즉　수 금 시 범 부　능 회 광 반 조　선 지 방 편

均調昏散 惺惺寂寂之心 該因徹果 不變不斷。
균 조 혼 산　성 성 적 적 지 심　해 인 철 과　불 변 부 단

但生熟明昧 隨功異耳。
단 생 숙 명 매　수 공 이 이

---

1. 『법집별행록』은 중국 화엄종의 규봉종밀圭峰宗密(780-842) 스님이 지은 책이
다. 당나라 하택신회荷澤神會 스님의 사상을 중심으로, 돈오점수頓悟漸修·정
혜쌍수定慧雙修의 뜻을 체계적으로 정리하였다. 뒷날 보조지눌 스님이 번거로
운 글들을 제거하고 중요한 줄거리만 정리하면서 자신의 견해를 덧붙여『법집
별행록절요병입사기法集別行錄節要幷入私記』를 지었다. 한국 강원에서는 보
통『절요』라고 부른다.

이는 『법집별행록』에서,

"처음 발심하여 성불에 이르기까지 오직 '공적영지空寂靈知'
일 뿐이다. 이것이 변하거나 끊어지지 않고 수행의 위치에 따
라 이름과 뜻이 조금씩 달라질 뿐이다.

곧 깨달았을 때를 기준 삼으면 '이지理智'라 하고, 발심하여
수행할 때를 기준 삼으면 '지관止觀'이라 한다. 인연의 흐름
에 맡겨 수행이 이루어질 때를 기준 삼으면 '정혜定慧'라 하
고, 번뇌가 다 사라져 수행의 공력이 오롯해 성불할 때를 기
준 삼으면 '보리菩提'와 '열반涅槃'이라 한다.

그러므로 마땅히 처음 발심해서 공부가 끝날 때까지 오직 공
적영지인 줄 알아야 한다."라고 말한 것과 같습니다.

이 『별행록』의 뜻에 의하면, 지금은 범부일지라도 마음의 빛
을 돌이켜 자기의 실상을 보고, 방편을 잘 알아 침침한 마음
과 흐트러진 마음을 균형 있게 잘 다스린다면, 성성적적惺惺
寂寂한 마음이 인과와 하나 되어 변하지도 않고 끊어지지도
않습니다. 다만 이 마음에 생소하거나 익숙하다든지, 밝거나
어두울 뿐이니, 수행의 공력에 따라 다를 뿐입니다.

若圓照自心 眞常性德 動靜雙融 證會法界則
약 원 조 자 심 진 상 성 덕 동 정 쌍 융 증 회 법 계 즉

便知諸地功德 塵數法門 九世十世[1]不離於當念。
변 지 제 지 공 덕 진 수 법 문 구 세 십 세 불 리 어 당 념

以心性靈妙自在 含容萬種法 萬法未嘗離自性。
이 심 성 영 묘 자 재 함 용 만 종 법 만 법 미 상 이 자 성

如轉如不轉
여 전 여 부 전

性相體用 隨緣不變 同時無碍。
성 상 체 용 수 연 불 변 동 시 무 애

初無今古凡聖 善惡取捨之心
초 무 금 고 범 성 선 악 취 사 지 심

而不妨功用漸增 歷諸地位 悲智漸圓 成就衆生
이 불 방 공 용 점 증 역 제 지 위 비 지 점 원 성 취 중 생

而始終不移一時 一念一法一行也。
이 시 종 불 이 일 시 일 념 일 법 일 행 야

---

1. 과거 현재 미래에 각각 과거 현재 미래가 있다고 하여 모두 합쳐 9세世라 하고
   이 모든 세월이 한 생각을 벗어나지 않는다고 하여 이를 합쳐 10세世라고 한다.
   그러므로 지금 한 생각 잘 챙기는 것이 영원한 삶을 잘 사는 것이요, 부처님의
   마음자리라고 본 것이다.

만일 '자기 마음 영원한 참 성품의 공덕'으로 움직임과 고요함이 함께 녹아 있는 자리를 오롯이 비추어 법계를 알면, 바로 모든 마음자리의 공덕, 티끌처럼 많은 법문, 과거 현재 미래의 온갖 세월이 지금 이 순간 한 생각을 벗어나지 않음을 압니다.

마음의 성품은 신령하고 미묘 자재하여 온갖 법을 품고, 모든 법은 일찍이 자기의 성품을 여읜 적이 없습니다.

마음을 쓰든 안 쓰든 간에 성품과 현상, 본체와 작용, 수연과 불변이 동시에 걸림이 없습니다.

애초에 지금과 옛날, 범부와 성인, 선과 악, 취함과 버림을 분별한 적이 없는 마음에서, 수행하는 공력이 점차 늘어나 온갖 지위를 거치며 지혜와 자비가 시나브로 오롯해져 중생 공부의 성취를 막지 않지만, 처음부터 끝까지 한 때도, 한 생각도, 한 법도, 한 걸음도 옮긴 적이 없습니다.

華嚴論 云
화 엄 론 운

以自心根本無明分別之種 便成不動智佛[1]
이 자 심 근 본 무 명 분 별 지 종 변 성 부 동 지 불

以法界體用 以爲信進悟入之門。
이 법 계 체 용 이 위 신 진 오 입 지 문

從十信[2]及入位進修乃至經十住[3]十行[4]十回向[5]
종 십 신 급 입 위 진 수 내 지 경 십 주 십 행 십 회 향

十地十一地[6] 摠不離本不動智佛。
십 지 십 일 지 총 불 리 본 부 동 지 불

不離一時一念一法一行上
불 리 일 시 일 념 일 법 일 행 상

而有無量無邊不可說 不可說法界虛空界微塵數法門。
이 유 무 량 무 변 불 가 설 불 가 설 법 계 허 공 계 미 진 수 법 문

何以故 爲從法界 及根本不動智上 爲信進悟入故。
하 이 고 위 종 법 계 급 근 본 부 동 지 상 위 신 진 오 입 고

---

1. 부동지불不動智佛은 바깥의 유혹에 흔들리지 않는 마음의 부처님을 말한다.
2. 10신信은 보살의 수행 위치 52위 가운데 처음 10신信의 자리를 말한다. 부처님 법의 진리를 의심 없이 믿는 자리이다.
3. 10주住는 보살의 수행 위치 52위 가운데 제11위에서 20위까지를 말한다.
4. 10행行은 보살의 수행 위치 52위 가운데 제21위로부터 제30위까지를 말한다.
5. 10회향回向은 보살의 수행 위치 52위 가운데 제31위로부터 제40위까지를 말한다. 그 동안 닦은 수행의 공덕을 모든 중생에게 돌려주는 자리이다.
6. 11지地는 등각을 말한다.

『화엄론』에서는

"자기 마음의 근본무명에서 나오는 분별의 씨앗이 바로 '바탕이 움직이지 않는 지혜의 부처님'을 이루어, 이 법계의 본체와 작용을 믿음으로 깨달아 들어가는 수행문으로 삼는다.

10신信에서 수행을 시작하여 10주住, 10행行, 10회향回向, 10지地, 등각等覺을 거치는 동안 본디 마음자리인 부동지불을 조금도 여의지 않는다.

한 때도 한 생각도 한 법도 한 걸음도 여의지 않지만, 도저히 헤아릴 수도 없고 말할 수 없는 법계 허공계의 미세한 티끌 수처럼 많은 법문이 있다.

왜냐하면 이 수행은 법계와 근본 부동지 위에서 믿고 깨달아 들어가기 때문이다."라고 하였습니다.

又云 不同三乘[1]權敎 約劣解衆生 存世間三世之性
우운 부동삼승 권교 약열해중생 존세간삼세지성

說佛果 在三僧祇之外。
설불과 재삼승지지외

據此論之旨 圓宗圓信之者 以自心根本無明分別之種
거차론지지 원종원신지자 이자심근본무명분별지종

便成不動智佛 從信乃至究竟位 無有轉變成壞之相。
변성부동지불 종신내지구경위 무유전변성괴지상

可謂心性 本來自在 隨緣似轉而常無變易者也。
가위심성 본래자재 수연사전이상무변역자야

近來唯習言說者 雖廣談法界無碍緣起
근래유습언설자 수광담법계무애연기

初不返觀自心之德用。
초불반관자심지덕용

旣不觀法界性相 是自心之體用
기불관법계성상 시자심지체용

何時開自心情塵 出大千經卷。
하시개자심정진 출대천경권

---

1. 삼승은 일불승으로 가는 방편이다. 여래는 방편으로 일불승을 나누어서 설할
뿐이다. 부처님께서 불타는 집에서 아이들을 빠져나오게 하려고 성문승에게는
양이 끄는 수레, 연각승은 사슴의 수레, 보살은 소가 끄는 수레를 준다고 방편을
써서 그 집에서 놀라지 않고 나오게 한다. 이들이 안전한 곳에 이르렀을 때 부처
님께서 아이들을 흰 소 수레에 태워 부처님 세상으로 들어가게 하니 이것이 일불
승이다. 이는『법화경』에 나오는 이야기이다. 승乘은 '사람을 태워 목적지에 데
려다 주는 탈 것'을 말한다. '중생을 태워 생사의 바다를 건너 주게 하는 법'을
비유한 것이다.『법화경』에서는 성문승·연각승·보살승을 합쳐 '삼승三乘'이
라 하고, 법화회상에서 이 삼승을 한꺼번에 모아 바로 부처님의 세상으로 나아
가는 것을 '일승一乘'이라고 한다.

또 이르기를,

"수행의 방편으로 주는 삼승의 가르침이 과거 미래 현재로 흘러가는 세상에서 이해가 부족한 중생들을 대상으로 설해진 것과는 다르게, 부처님의 깨달음은 삼아승지겁을 뛰어넘어 세월 밖에 있다고 말하는 것이다."라고 하였습니다.

이 논지에 의하면 으뜸가는 이치로 오롯하게 믿어야 할 것은, 자기 마음의 근본무명에서 나오는 분별의 씨앗이 바로 '바탕이 움직이지 않는 지혜의 부처님'이 되고, 10신信에서 성불할 때까지 달라지는 모습이 없다는 것입니다. 그러므로 마음의 성품은 본래 자재하여 인연에 따라 바뀌는 것 같지만 절대 바뀐 적이 없는 것이라고 말할 수 있습니다.

수행과 참 성품

요즈음 말만 익힌 사람들은 걸림 없는 법계 연기를 장황하게 늘어놓기만 하고 애초부터 자기 마음에 있는 공덕의 쓰임새를 돌아보려 하지 않습니다. 원래 법계의 성품과 모습이 자기 마음의 본디 바탕이며 쓰임새인 줄 보지 못하는데, 어느 세월에 자기 마음을 열어 중생을 위한 팔만사천법문을 설파할 수 있겠습니까.

經不云乎
경불운호

知一切法 卽心自性 成就慧身 不由他悟。
지 일 체 법 즉 심 자 성 성 취 혜 신 불 유 타 오

又 不云乎
우 불운호

言辭所說法 小智妄分別。
언 사 소 설 법 소 지 망 분 별

是故 生障碍 不了於自心。
시 고 생 장 애 불 료 어 자 심

不能了自心 云何知正道。彼由顚倒慧 增長一切惡。
불 능 요 자 심 운 하 지 정 도   피 유 전 도 혜 증 장 일 체 악

『화엄경』에서

"모든 법이 마음의 자성인 줄 알면 지혜의 몸을 성취하니 이는 다른 깨달음에서 오는 것이 아니다."라고 말하지 않았습니까.

또 이르기를,

"말로 하는 법은 지혜롭지 못한 허망한 분별이다. 이 때문에 장애가 생겨 자기의 마음을 알지 못한다. 자기의 마음을 알 수 없는데 어떻게 바른 도를 알겠는가. 저 잘못된 지혜로 온갖 악이 늘게 한다."라고 하지 않았습니까.

伏望修眞高士 依如上懇苦之言
복 망 수 진 고 사 의 여 상 간 고 지 언

先須深信自心 是諸佛本源。
선 수 심 신 자 심 시 제 불 본 원

以觀照定慧之力發出之
이 관 조 정 혜 지 력 발 출 지

不可端居抱愚 效無分別 而爲大道。
불 가 단 거 포 우 효 무 분 별 이 위 대 도

所謂 在纏眞如 昏散皆具。
소 위 재 전 진 여 혼 산 개 구

出纏眞如 定慧方明
출 전 진 여 정 혜 방 명

摠別條然 前後無濫故也。
총 별 조 연 전 후 무 남 고 야

亦不可謂 現今治其染 當來得其淨
역 불 가 위 현 금 치 기 염 당 래 득 기 정

不觀本妙 自生艱阻 而勞修漸行。
불 관 본 묘 자 생 간 조 이 노 수 점 행

엎드려 바라노니 참 수행을 하는 대덕 스님들은 이처럼 간곡한 말에 의지하여, 먼저 모름지기 자기 마음이 모든 부처님의 본디 근원인 줄 깊이 믿어야 합니다.

선정과 지혜를 챙기는 힘으로 공부를 시작해야지, 어리석게 반듯이 앉아 조금도 분별이 없는 것처럼 흉내 내는 것만으로 대도를 삼아서는 안 됩니다.

왜냐하면 번뇌 속에 있는 진여는 흐릿하고 어두운 마음과 흐트러진 마음을 함께 갖고 있기 때문입니다. 번뇌를 벗어난 진여라야 선정과 지혜가 비로소 밝아지니, 전체와 부분의 가닥이 정연해야 수행을 해가는 과정에서 분수에 넘치는 일이 없을 것입니다.

다시 말하면, 지금 번뇌를 다스려 미래에 청정한 마음을 얻으리라 하여, 본디 오묘한 도리를 챙기지 않고, 스스로 어렵다는 생각에서 수고로운 점차 수행에만 머물러서도 안 됩니다.

唯心訣 云
유심결 운

或讓位 高推於極聖 或積德 望滿於三祇
혹양위 고추어극성 혹적덕 망만어삼지

不知全體現前 猶希妙悟
부지전체현전 유희묘오

豈覺從來具足。
기각종래구족

仍待功成 不入圓常 終成輪轉
잉대공성 불입원상 종성윤전

祇爲昧於性德 罔辨眞宗
지위매어성덕 망변진종

捨覺徇塵 棄本就末 此之是也。
사각순진 기본취말 차지시야

是故 修心之人 不自屈 不自恃。
시고 수심지인 부자굴 부자시

이것을 『유심결』에서,

"자신의 위치를 성인에게 양보하고 삼아승지겁의 세월 동안 덕을 쌓으려고 하면서도,
오묘한 마음 바탕 전체가 눈앞에 드러난 것을 알지 못하고 오히려 묘한 깨달음만 바라고 있으니, 어떻게 본디 부처님의 마음을 다 갖추고 있음을 깨달을 수 있겠는가.

깨달음을 기다리다 오롯이 영원한 진리로 들어가지 못하고 마침내 윤회하니,
이는 자신의 성품에 있는 공덕에 어둡고, 진정한 종지를 몰라 근본 깨달음을 등지고 곁가지 번뇌를 따라가기 때문이다."라고 말하였습니다.

이 때문에 마음을 닦는 사람은 비굴하지도 말고 으스대지도 말아야 합니다.

恃則 墮於此心
시 즉 타 어 차 심

不守自性 能凡能聖 刹那造作 還復漂沈之用。
불 수 자 성 능 범 능 성 찰 나 조 작 환 부 표 침 지 용

是以 晝三夜三 勲勲蘊習
시 이 주 삼 야 삼 근 근 온 습

惺惺無妄 寂寂明亮 不違修門。
성 성 무 망 적 적 명 량 불 위 수 문

屈則 失於此心 靈通應物 常在目前
굴 즉 실 어 차 심 영 통 응 물 상 재 목 전

終日隨緣 而終日不變之德。
종 일 수 연 이 종 일 불 변 지 덕

是以 將癡愛 成解脫眞源 運貪嗔 現菩提大用。
시 이 장 치 애 성 해 탈 진 원 운 탐 진 현 보 리 대 용

逆順自在 縛脫無拘 順於性門也。
역 순 자 재 박 탈 무 구 순 어 성 문 야

此修性二門 如鳥兩翼 闕一不可。
차 수 성 이 문 여 조 양 익 궐 일 불 가

우쭐댄다면 이 마음에 떨어져, 자신의 참 성품을 지키지 않아 범부가 되기도 하고 성인이 되기도 하면서 찰나에 업을 짓게 되어 윤회하게 됩니다.

이러한 까닭에 밤낮으로 부지런히 수행하여, 성성하되 망념이 없고 적적하되 밝고 밝아, 부처님의 세상으로 가는 길에 어긋나지 않아야 합니다.

반면, 비굴하면 이 마음이 신령스레 온갖 것에 통해 늘 눈앞에 있으면서 종일토록 인연에 따르지만 변하지 않는 공덕을 잃게 됩니다.

그러므로 어리석은 애욕을 해탈의 근원으로 삼고, 탐욕과 성냄을 부처님의 신통묘용으로 드러내야 합니다. 역순의 경계에 자재하고, 속박이든 해탈이든 구애받지 않아야, 참 성품의 길로 따라가는 것입니다.

이런 수행과 참 성품을 아는 앎, 이 두 가지는 새의 두 날개와 같아서, 하나가 빠지면 올바른 수행이 되지 않는 것입니다.

先德¹云
선 덕 운

恰恰用心時 恰恰無心用
흡 흡 용 심 시 흡 흡 무 심 용

曲談名相勞 直說無煩重。
곡 담 명 상 로 직 설 무 번 중

無心恰恰用 常用恰恰無
무 심 흡 흡 용 상 용 흡 흡 무

今說無心處 不與有心殊。
금 설 무 심 처 불 여 유 심 수

若能於此 得意進修則
약 능 어 차 득 의 진 수 즉

雖是末世衆生 何患乎落斷常之坑也。
수 시 말 세 중 생 하 환 호 락 단 상 지 갱 야

向來 所謂 塵數法門 諸地功德 妙心體具 如如意珠
향 래 소 위 진 수 법 문 제 지 공 덕 묘 심 체 구 여 여 의 주

豈誣也哉。
기 무 야 재

言妙心者 是惺惺寂寂之心也。
언 묘 심 자 시 성 성 적 적 지 심 야

---

1. 나융(594-657)은 손, 발, 얼굴을 닦지 않고 삭발을 하지 않으며 옷 세탁도 하지
않고 수행하였기에 게으름 속에 산다는 '나융懶融'이란 칭호를 받았는데 법융
이라고도 한다. 4조 도신 스님의 제자로, 스님은 우두산에서 대중의 식량이 떨어
졌을 때 80리나 되는 단양에 가 화주해서 쌀가마를 지고 날마다 오고 가기를
3년 동안 계속하였다고 한다.

법융 스님께서 말씀하셨습니다.

> 딱 알맞게 마음 쓸 때 그 모습에서
> 거기 맞춰 집착 없는 마음을 쓰니
> 꾸며대고 하는 말들 수고롭지만
> 직접 바로 하는 말은 고뇌가 없지.
>
> 무심하게 딱 알맞게 마음을 써도
> 거기 맞춰 마음 쓴다 생각이 없고
> 지금 말한 무심한 곳 알고 본다면
> 알고 쓰는 마음하고 다를 게 없네.

만약 여기서 참뜻을 얻고 수행해 나간다면 말세중생이라도
어찌 단견과 상견의 굴레에 떨어짐을 걱정하겠습니까.

지난번에 티끌 수처럼 많은 법문, 온갖 마음자리에서 나오는
공덕, 미묘한 마음의 바탕이 갖추어진 것이 여의주 같다고 한
말이, 어찌 속이는 말이겠습니까.

이처럼 미묘한 마음은 성성적적惺惺寂寂합니다.

問 今時修心人 若博學多聞 說法度人 則損於內照。
문 금시수심인 약박학다문 설법도인 즉손어내조

若無利他之行 則何異趣寂之徒耶。
약무이타지행 즉하이취적지도야

答 此各在當人 不可一向。
답 차각재당인 불가일향

若因言悟道 藉敎明宗 具擇法眼者
약인언오도 자교명종 구택법안자

雖多聞而不起認名執相之念。
수다문이불기인명집상지념

雖利他而能斷自他憎愛之見
수이타이능단자타증애지견

悲智漸圓 妙契寰中則 誠當實行者也。
비지점원 묘계환중즉 성당실행자야

7장. 마음 닦는 것과 남을 이롭게 하는 삶

문: 요즈음 마음 닦는 사람들이 '많이 배우고 법을 설하여 사람들을 제도하는 것'은 마음 챙기는 공부에 손해가 된다고 합니다. 남을 이롭게 하는 삶이 없으면 홀로 조용히 살고자 하는 사람과 무엇이 다릅니까?

답: 이것은 당사자 각자에게 달린 일이므로 일방적으로 말해서는 안 됩니다.

말 한마디에 도를 깨치고, 가르침에 의지하여 종지를 밝히고 법을 판단하는 안목을 갖춘 이라면, 많이 듣고도 개념만 알고 모양에 집착하는 망념을 일으키지 않습니다.

남을 이롭게 하는 삶을 살더라도 나와 남을 구분하여 미워하고 좋아하는 마음을 끊고, 지혜와 자비가 시나브로 오롯해져 세상과 오묘하게 하나가 된다면, 이 사람은 참으로 실다운 수행자라 할 수 있습니다.

若隨語生見 齊文作解
약 수 어 생 견　제 문 작 해

逐敎迷心 指月不分。
축 교 미 심　지 월 불 분

未忘名聞利養之心 而欲說法度人者
미 망 명 문 이 양 지 심　이 욕 설 법 도 인 자

如穢蝸螺 自穢穢他。
여 예 와 라　자 예 예 타

是乃世間文字法師
시 내 세 간 문 자 법 사

何名專精定慧 不求名聞者乎。
하 명 전 정 정 혜　불 구 명 문 자 호

華嚴論 云
화 엄 론 운

若自有縛 能解他縛 無有是處。
약 자 유 박　능 해 타 박　무 유 시 처

반대로 말을 좇아 견해를 내고 글에 맞추어 알음알이를 내는 사람은, 가르침도 모르는 어리석은 마음으로 달과 손가락도 구분 못 하는 것입니다.

명예와 이익만 찾아 법을 설하여 중생을 제도하려는 사람들은, 더러운 달팽이와 소라가 엉금엉금 기어가면서 다른 물건도 더럽히는 모습과 같습니다.

세간에서 문자만 아는 법사가 이러하니, 어찌 명예를 구하지 않고 오로지 선정과 지혜를 닦는 사람이라 할 수 있겠습니까.

이를『화엄론』에서는,

"자신이 묶여 있는데 남의 결박을 풀어준다고 하는 것과 같기에 옳지 않다."라고 하였습니다.

誌公¹法師 大乘讚 云
지 공 법 사 대 승 찬 운

世間幾許癡人 將道復欲求道
세 간 기 허 치 인 장 도 부 욕 구 도

廣尋諸義紛紜 自救己身不了。
광 심 제 의 분 운 자 구 기 신 불 료

專尋他文亂說 自稱至理妙好
전 심 타 문 난 설 자 칭 지 리 묘 호

徒勞一生虛過 永劫沈淪生死。
도 로 일 생 허 과 영 겁 침 륜 생 사

濁愛纏心不捨 淸淨智心自惱
탁 애 전 심 불 사 청 정 지 심 자 뇌

眞如法界叢林 返作荊棘荒草。
진 여 법 계 총 림 반 작 형 극 황 초

---

1. 지공誌公(418-514) 스님은 위진 남북조 스님인데 기행을 많이 보였다고 한다.

지공誌公 법사도 『대승찬大乘讚』에서 말하였습니다.

이 세상에 어리석은 많은 사람들
도 갖고도 도 찾으려 돌아다니니
온갖 뜻에 어지럽게 찾아보지만
자기 자신 한 몸조차 구제 못 한다.

정리 안 된 남의 글만 오로지 찾아
묘한 이치 지극하다 좋아하지만
한평생을 부질없이 헛되이 산 것
영원토록 생사윤회 끝이 없다네.

탁한 애욕 얽매여서 버리지 못해
청정지혜 그 마음이 고달프기에
진여법계 총림으로 그 좋던 세상
가시덤불 가득 차서 황폐해졌네.

但執黃葉爲金 不悟棄金求寶
단 집 황 엽 위 금 불 오 기 금 구 보

口內誦經誦論 心裡尋常枯燥。
구 내 송 경 송 론 심 리 심 상 고 조

一朝覺本心空 具足眞如不少。
일 조 각 본 심 공 구 족 진 여 불 소

누런 잎을 금이라고 집착만 할 뿐
금 버리고 보배 찾을 줄을 모르니
입안에서 경과 논을 외우더라도
마음속을 살펴보면 메말라 있네.

그러다가 본디 마음 공인 줄 알면
다 갖춰진 진여세계 모자람 없다.

阿難¹曰 恨無始來 一向多聞 未專道力。
아 난 왈 한 무 시 래 일 향 다 문 미 전 도 력

先聖之旨 明踰日月
선 성 지 지 명 유 일 월

豈可廣尋諸義 不救己身 而永劫沈淪乎。
기 가 광 심 제 의 불 구 기 신 이 영 겁 침 륜 호

但時中觀行餘暇 不妨披詳聖教 及古德入道因緣
단 시 중 관 행 여 가 불 방 피 상 성 교 급 고 덕 입 도 인 연

決擇邪正 利他利己而已。
결 택 사 정 이 타 이 기 이 이

非爲一向外求 分別名相 如入海算沙 虛度光陰。
비 위 일 향 외 구 분 별 명 상 여 입 해 산 사 허 도 광 음

---

1. 아난은 부처님의 십대제자 가운데 한 분으로 다문제일多聞第一이다. 부처님의
   사촌동생인데 시자 생활을 오래하면서 부처님의 법문을 가장 많이 들은 분이다.
   뒷날 경전 결집 때 중요한 역할을 한다.

아난도 "여태까지 줄곧 많이 듣기만 하고 아직 도에 전념하지 못한 것이 한스럽다."고 하였습니다.

옛 성인의 뜻이 해와 달보다 더 밝은 것인데, 어찌 온갖 이치만 찾아다니며 제 몸조차 구하지 못하고 영원토록 생사윤회를 한단 말입니까.

다만 마음 챙기는 여가에 성인의 가르침과 옛 스님들의 도에 들어간 인연을 상세히 열람하여, 삿됨과 바름을 가려 나와 남을 이롭게 하는 것은 괜찮습니다.

그렇지만 하나같이 밖으로 이것저것 개념과 모양만 분별하여, 바다에 들어가 모래를 세듯 헛되이 세월만 보내서는 안 됩니다.

先德¹曰

선 덕 왈

菩薩本爲度他 是以先修定慧。

보 살 본 위 도 타 시 이 선 수 정 혜

空閒靜處 禪觀易成 少欲頭陀²能入聖道 此其證也。

공 한 정 처 선 관 이 성 소 욕 두 타 능 입 성 도 차 기 증 야

旣發度他之願 先修定慧。

기 발 도 타 지 원 선 수 정 혜

有道力則 雲布慈門。

유 도 력 즉 운 포 자 문

波騰行海 窮未來際 救拔一切苦惱衆生。

파 등 행 해 궁 미 래 제 구 발 일 체 고 뇌 중 생

供養三寶 紹佛家業 豈同趣寂之徒也。

공 양 삼 보 소 불 가 업 기 동 취 적 지 도 야

---

1. 영명연수永明延壽(904-975) 스님은 중국 북송시대의 선승이다. '영명'은 절 이름
   이고 '지각'은 시호이며 법명은 연수延壽이다. 법안종 제3조이다. 30세에 취암
   영삼翠岩令參에게 출가하고 뒷날 천태덕소天台德韶를 뵙고 깨달음을 얻었다.
   57세에 오월 충의왕 전숙의 청을 받아 항주 영은사 주지를 맡았다. 다음 해에
   영명사 주지로 부임하니 따르는 학인들이 이천여 명이나 되었다. 이 무렵『종경
   록』이 영명사의 연법당演法堂에서 편집되니, 뒷날 이 인연으로 연법당은 종경
   당宗鏡堂으로 명칭이 바뀌었다. 영명연수는 한평생『법화경』을 일만 삼천 번이
   나 독송하고, 선종과 교종을 통합하며, 마음의 정토에 귀의하는 것을 소중하게
   여겼다. 그의 저서『만선동귀집萬善同歸集』은 선종과 정토의 합일사상에 중점
   을 둔 것으로, 후세 불교계에 많은 영향을 끼친 책이다. 그의 저서는『종경록』,
   『만선동귀집』이외에『유심결唯心訣』과『심부주心賦註』와『정혜상자가定慧相
   資歌』와『신서안양부神栖安養賦』등이 있다.
2. 두타頭陀는 의식주에 대한 탐착을 버리고 온갖 고행을 수행 삼아 실천하는 것을
   말한다.

송나라 영명연수 스님이 『만선동귀집萬善同歸集』에서,

"보살은 본래 남을 제도하기 위하여 먼저 선정과 지혜를 닦는다. 한가롭고 고요한 곳에서 마음을 챙기는 것이 쉽지만, 세속에 살면서도 보살행을 행하며 욕심이 없는 삶에서 성스러운 도에 들어갈 수 있다."라고 말한 것이 그 증거입니다.

남을 제도하겠다는 원력을 냈으면 먼저 선정과 지혜를 닦아야 합니다.

그러다 도력이 생기면 감로수를 머금은 구름처럼 많은 자비를 한없이 펼쳐야 합니다.

거침없는 파도가 바다로 향하듯 오는 세월이 다할 때까지 고통 속에 있는 모든 중생을 제도해야 합니다.

삼보에 공양을 올리고 부처님의 가업을 이어가니, 어찌 조용히만 살고자 하는 사람과 같겠습니까.

問 今時 行者 雖專定慧 多分道力未充。
문 금시 행자 수전정혜 다분도력미충

若也不求淨土 留此穢方 逢諸苦難 恐成退失。
약야불구정토 유차예방 봉제고난 공성퇴실

答 此亦各在當人 不可一例取之。
답 차역각재당인 불가일례취지

若是大心衆生 依此最上乘法門
약시대심중생 의차최상승법문

決定信解 四大如泡幻 六塵似空花。
결정신해 사대여포환 육진사공화

自心是佛心 自性是法性
자심시불심 자성시법성

從本已來 煩惱性自離 惺惺直然惺惺 歷歷直然歷歷。
종본이래 번뇌성자리 성성직연성성 역력직연역력

8장. 정토를 찾더라도 부처님의 뜻을 알아야

문: 요즈음 행자들이 선정과 지혜를 닦는 일에 전념하더라도 대다수 도력이 충분하지 못합니다. 그러므로 극락정토를 구하지 않고 그대로 있으면, 온갖 고난이 닥칠 때 공부에서 물러나지 않을까 걱정이 됩니다.

답: 이것 또한 당사자 각자에게 달린 일이므로 한 가지 예로만 취급할 수 없습니다.

큰마음을 품고 있는 중생이라면 최상승 법문에 의지하여, 지수화풍으로 이루어진 이 몸은 물거품이나 허깨비와 같고 세상의 경계는 허공의 꽃과 같은 줄 반드시 믿고 알아야 합니다.

자기 마음이 부처님의 마음이요 자기의 성품이 법의 성품이기에, 본래부터 번뇌의 성품은 없어 확실히 깨어 있다는 것을 믿고 알아야 합니다.

依此解而修者 雖有無始習氣
의 차 해 이 수 자 수 유 무 시 습 기

以無依住智治之 還是本智 不伏不斷。
이 무 의 주 지 치 지 환 시 본 지 불 복 부 단

雖有方便三昧 離昏散之功
수 유 방 편 삼 매 이 혼 산 지 공

以知緣慮分別 是眞性中緣起故
이 지 연 려 분 별 시 진 성 중 연 기 고

任性淨而無取攝之相。
임 성 정 이 무 취 섭 지 상

雖涉外緣 違順之境 爲了唯心
수 섭 외 연 위 순 지 경 위 료 유 심

無自他能所故 愛憎嗔喜 任運不生。
무 자 타 능 소 고 애 증 진 희 임 운 불 생

이런 믿음과 앎에 의지하여 수행하는 사람은 오랜 세월 쌓였던 번뇌가 있더라도 '의지하여 집착할 게 없는 지혜'로써 다스리면 '본디 지혜'로 돌아가는 것이니, 억눌러 끊을 것도 아닙니다.

방편 삼매로 침침한 마음과 흐트러진 마음을 여의더라도, 바깥 경계를 분별하여 일어나는 생각이 바로 참 성품 가운데서 벌어지는 연기법인 줄 알아야 그 성품의 맑음에 맡겨 취하거나 거두는 모습이 없습니다.

역순 경계의 바깥 인연을 만나더라도 오직 마음인 줄 알기 때문에 자타自他 또는 능소能所로 분별할 법이 없으므로 사랑과 미움, 성냄과 기쁨을 인연의 흐름에 맡길 뿐 자기 생각을 내지 않는 것입니다.

如是任法 調治習氣 使稱理智增明
여시임법 조치습기 사칭이지증명

隨緣利物 行菩薩道
수연이물 행보살도

雖處三界內 無非法性淨土。
수처삼계내 무비법성정토

雖經歲月 體不離時 任大悲智 以法隨緣故。
수경세월 체불리시 임대비지 이법수연고

此人 雖不如上古過量人 一超登位 具足通力者
차인 수불여상고과량인 일초등위 구족통력자

然 以夙植善根 種性猛利
연 이숙식선근 종성맹리

深信 自心本來 寂用自在 性無更改。
심신 자심본래 적용자재 성무갱개

故 於諸世難 無有退失之患。
고 어제세난 무유퇴실지환

이처럼 몸에 익은 번뇌를 법으로 적절히 다스려 이치에 맞는 지혜를 더욱 밝게 하고, 인연에 따라 중생을 이롭게 하는 보살도를 행하면, 중생계에 있다 하더라도 법의 성품을 갖추고 있으니 정토 아닌 곳이 없습니다.

세월이 지나더라도 그 바탕이 한 때도 여의지 않는 것이니, 부처님의 자비로운 법으로써 인연을 따르기 때문입니다.

이런 사람은 과거에 단박에 깨달아 신통력을 다 갖춘 뛰어난 분만큼은 못하더라도, 전생에 선근을 심고 지혜가 뛰어나기에 본디 고요한 자기 마음에 자재한 그 성품은 바뀌지 않는다는 것을 깊이 믿습니다.

그러므로 세상의 어떤 어려움 속에서도 그 성품에서 물러나거나 그것을 잃어버릴까 근심걱정이 없는 것입니다.

華嚴論 所謂
화 엄 론 소 위

大心凡夫 能生信證入故 生如來家
대 심 범 부 능 생 신 증 입 고 생 여 래 가

不言 已生佛家 諸大菩薩者也。
불 언 이 생 불 가 제 대 보 살 자 야

今時 如此修心者 爲上根也。
금 시 여 차 수 심 자 위 상 근 야

或有行者 聞自心淨妙之德 信樂修習。
혹 유 행 자 문 자 심 정 묘 지 덕 신 락 수 습

然 以無始堅執我相 習氣偏重 致諸惑障 未能忘情者。
연 이 무 시 견 집 아 상 습 기 편 중 치 제 혹 장 미 능 망 정 자

具以空觀[1]
구 이 공 관

推破自他身心 四大五蔭[2] 從緣幻出 虛假非實
추 파 자 타 신 심 사 대 오 음 종 연 환 출 허 가 비 실

猶如浮泡 其中空虛 以何爲我 以何爲人。
유 여 부 포 기 중 공 허 이 하 위 아 이 하 위 인

---

1. 공관空觀은 모든 존재는 인연에 의해 생겨난 것이기에 그 실체가 없는 것이라고 관찰하는 수행법이다.
2. 사대四大는 중생의 몸을 이루고 있는 지地·수水·화火·풍風 네 가지 요소를 말한다. '오음'은 '오온五蘊'이라고도 말하는데 색色·수受·상想·행行·식識을 말한다. 간단히 말하면 중생의 몸과 마음이다.

그러므로 『화엄론』에서

"마음이 큰 사람은 믿음에서 증득해 들어갈 수 있기 때문에 여래의 집안에 태어나겠지만, 이미 부처님 집안에 태어난 큰 보살님을 말한 것은 아니다."라고 한 것입니다. 지금 이처럼 마음을 닦는 사람은 상근기가 됩니다.

혹 어떤 수행자는 자기 마음에 맑고 미묘한 덕이 있다는 말을 들으면 이를 믿고 즐거이 닦아 익힙니다. 그럼에도 불구하고 오래전부터 '나'라는 모습에 집착해 익힌 번뇌가 깊기 때문에, 온갖 의혹과 장애를 만나 자신의 알음알이를 떨치지 못하는 경우가 있습니다.

이럴 때는 공관空觀으로 "나와 다른 사람의 몸과 마음은 인연 따라 허깨비처럼 나온 것이다. 헛되고 거짓되며 실답지 않은 것이 물거품 같아서 그 속이 빈 것인데, 무엇으로 나를 삼고 무엇으로 남이라 할 것인가."라고 추론하여 논파해야 합니다.

如是深觀 巧洗情塵 心常謙敬 遠離憍慢 折伏現行
여시심관 교세정진 심상겸경 원리교만 절복현행

資於定慧 漸入明靜之性。
자어정혜 점입명정지성

然 此人 若無萬善 助開自力 恐成迂滯 直須勤供養三
연 차인 약무만선 조개자력 공성우체 직수근공양삼

寶 讀通大乘 行道禮拜 懺悔發願 始終無癈。
보 독통대승 행도예배 참회발원 시종무폐

以愛敬三寶淳厚心故
이애경삼보순후심고

蒙佛威加 能消業障 善根不退。
몽불위가 능소업장 선근불퇴

若能如是自力他力 內外相資 志求無上之道則
약능여시자력타력 내외상자 지구무상지도즉

豈不具美乎。
기불구미호

이와 같이 깊이 관조하여 알음알이 티끌을 잘 씻어내 늘 겸손하고, 교만한 마음은 멀리해 다시 드러나지 않게 하여, 선정과 지혜를 바탕으로 점차 밝고 고요한 성품으로 들어가야 합니다.

그런데 이 사람이 작은 선행도 한 적이 없어 자력으로 공부하는 것이 막힐까 염려가 된다면, 바로 부지런히 삼보에 공양하고 대승 경전을 독송하며 삶 속에서 예배, 참회, 발원을 끊임없이 실천해야 합니다.

이렇게 하면 삼보를 좋아하고 공경하는 순수한 마음이 두터워져, 부처님의 가피로 업장이 녹아 좋은 마음의 뿌리가 무럭무럭 자라나게 됩니다.

이와 같이 자력 타력으로 안팎이 서로 도와 부처님의 도를 구하는 데 뜻을 둔다면, 어찌 그 결과가 아름답게 맺어지지 않겠습니까.

此內外相資中 有二種人 所願各異。
차 내 외 상 자 중 유 이 종 인 소 원 각 이

或有悲願重者 於此世界 不厭生死
혹 유 비 원 중 자 어 차 세 계 불 염 생 사

自利利他 增長悲智 求大菩提
자 리 이 타 증 장 비 지 구 대 보 리

所生之處 見佛聞法 以之爲願也。
소 생 지 처 견 불 문 법 이 지 위 원 야

此人不別求淨土 亦無逢難退失之患。
차 인 불 별 구 정 토 역 무 봉 난 퇴 실 지 환

或有淨穢苦樂 欣厭心重者
혹 유 정 예 고 락 흔 염 심 중 자

所修定慧 及諸善根 回向願求 生彼世界 見佛聞法。
소 수 정 혜 급 제 선 근 회 향 원 구 생 피 세 계 견 불 문 법

速成不退 却來度生 以之爲願也。
속 성 불 퇴 각 래 도 생 이 지 위 원 야

이렇게 자력 타력으로 안팎이 서로 도와 수행하는 것에도 두 부류의 사람들이 있는데 원하는 바가 저마다 다릅니다.

자비와 원력이 큰 사람들은 이 세상에서 생사를 싫어하지 않고, 나와 남이 함께 이로운 보살행으로 지혜와 자비를 더 키우면서 깨달음을 구하며, 태어나는 곳마다 부처님을 뵙고 법을 듣는 것을 원력으로 삼습니다.
이 사람은 따로 정토를 구하지 않고, 공부하는 과정에서 어려움을 만나도 공부의 길에서 물러난다거나 공부 길을 잃어버릴 걱정이 없습니다.

청정과 오염, 괴로움과 즐거움에 대한 분별로 기뻐하거나 싫어하는 사람들은, 선정과 지혜를 닦은 공덕과 온갖 선근을 회향하여, 극락세계에 태어나 부처님을 뵙고 법을 듣는 것을 원력으로 삼아야 합니다.

그리고 어서 빨리 성불하고 중생 제도하는 것을 원력으로 삼아야 합니다.

此人意 謂雖專內照 忍力未成
차 인 의 위 수 전 내 조 인 력 미 성

留此穢土[1] 逢諸苦難 恐有退失之患。
유 차 예 토 봉 제 고 난 공 유 퇴 실 지 환

此內外相資二種人志願 深諧聖敎 皆有道理。
차 내 외 상 자 이 종 인 지 원 심 해 성 교 개 유 도 리

此中求生淨土者
차 중 구 생 정 토 자

於明靜性中 有定慧之功 懸契彼佛內證境界。
어 명 정 성 중 유 정 혜 지 공 현 계 피 불 내 증 경 계

故 望彼但稱名號 憶想尊容 希望往生者 優劣可知矣。
고 망 피 단 칭 명 호 억 상 존 용 희 망 왕 생 자 우 열 가 지 의

智者[2]大師 臨終 謂門人曰
지 자 대 사 임 종 위 문 인 왈

火車[3]相現 一念改悔者 猶能往生
화 거 상 현 일 념 개 회 자 유 능 왕 생

況戒定慧熏 修行道力 功不唐捐。
황 계 정 혜 훈 수 행 도 력 공 부 당 연

---

1. 예토穢土는 더러운 땅이란 뜻으로 이승을 달리 이르는 말이다.
2. 지자智者 대사는 지의智顗 스님의 법호이다. 중국 수나라 때 천태종의 종지를
   처음 세우신 분인데, 천태 대사라고도 부른다.
3. 화거火車는 지옥에 떨어지는 죄인을 싣고 가는, 불길이 활활 타오르는 수레이다.

이 사람의 뜻이 부처님을 뵙고자 오로지 안으로 마음을 챙기는 것이라 하더라도 인욕의 힘이 충분하지 않아, 이 오염된 중생의 국토에서 온갖 고난을 만나면 공부의 길에서 물러나거나 길을 잃어버릴까 염려스럽습니다.

이렇게 안팎으로 서로 돕는 두 부류 사람의 뜻과 원력은 성인의 가르침과 잘 어울려 모두 도리에 맞습니다.

이 가운데 정토에 나고자 하는 사람은, 밝고 고요한 성품 가운데 선정과 지혜의 공력이 있으므로 부처님이 증득한 그 경계와 하나가 됩니다.
그러므로 단지 부처님의 명호를 부르고 존귀한 얼굴만 생각하며 극락왕생을 희망하는 사람과는 그 우열을 가릴 수가 있습니다.

극락정토

천태지자(538-597) 스님은 임종 때 문인들에게 말하기를, "불길이 활활 타오르는 수레가 눈앞에 나타나도 한 생각 고쳐먹는 것으로 극락왕생을 할 수 있는데, 하물며 계율과 선정과 지혜를 배워 익혀 수행한 도력의 공이 어찌 헛되이 버려지겠는가."라고 하였습니다.

淨名經 云
정명경 운

欲淨佛土 當淨其心 隨其心淨 卽佛土淨。
욕정불토 당정기심 수기심정 즉불토정

法寶記壇經 云
법보기단경 운

心地但無不淨 西方去此不遠
심지단무부정 서방거차불원

性起不淨之心 何佛 卽來迎請。
성기부정지심 하불 즉래영청

壽禪師 云
수선사 운

識心方生 唯心淨土 着境只墮所緣境中。
식심방생 유심정토 착경지타소연경중

如上佛祖 所說求生淨土之旨
여상불조 소설구생정토지지

皆不離自心 未審離自心源 從何趣入。
개불리자심 미심이자심원 종하취입

『정명경』에 이르기를,
"부처님의 국토를 청정하게 하려면 자신의 마음을 청정하게 해야 한다. 마음이 청정하면 그곳이 바로 부처님의 국토로서 청정하다."라고 하였습니다.

『법보단경』에서는,
"마음이 깨끗하기만 하면 서방정토가 여기서 멀지 않다. 자신의 성품에서 깨끗하지 못한 마음을 일으키는데, 어떤 부처님이 와서 극락정토로 맞이하겠는가."라고 하였습니다.

영명연수 선사도 이르기를,
"마음을 알아야 비로소 오직 마음에 있는 극락정토에 태어나는 것이니, 경계에 집착하면 반연하는 그 경계로 떨어질 뿐이다."라고 하였습니다.

이와 같이 부처님과 조사 스님께서 정토에 태어나고자 하는 뜻을 말한 것은 모두 자신의 마음을 벗어나지 않는 것인데, 자기 마음을 떠나 어디에서 정토로 들어가려고 하는지 모르겠습니다.

如來不思議境界經 云
여 래 부 사 의 경 계 경 운

三世一切諸佛 皆無所有 唯依自心。菩薩 若能了知 諸
삼 세 일 체 제 불 개 무 소 유 유 의 자 심 보 살 약 능 요 지 제

佛及一切法 皆唯心量 得隨順忍 或入初地[1] 捨身速生
불 급 일 체 법 개 유 심 량 득 수 순 인 혹 입 초 지 사 신 속 생

妙喜世界 或生極樂淨佛土中 此其證也。
묘 희 세 계 혹 생 극 락 정 불 토 중 차 기 증 야

以此而推 雖不念佛求生
이 차 이 추 수 불 념 불 구 생

但了唯心 隨順觀察 自然生彼 必定無疑。
단 료 유 심 수 순 관 찰 자 연 생 피 필 정 무 의

近世多有義學沙門 捨名求道
근 세 다 유 의 학 사 문 사 명 구 도

皆着外相 面向西方 揚聲喚佛 以爲道行。
개 착 외 상 면 향 서 방 양 성 환 불 이 위 도 행

前來學習發明心地 佛祖秘訣 以謂名利之學。
전 래 학 습 발 명 심 지 불 조 비 결 이 위 명 리 지 학

亦謂非分境界 終不掛懷 一時棄去。
역 위 비 분 경 계 종 불 괘 회 일 시 기 거

---

1. 보살이 수행하는 계위인 52위 가운데 십지十地의 첫 단계이다. 선근과 공덕을
   원만히 쌓아 비로소 성자의 경지에 이르러 기쁨에 넘치는 단계라고 해서 환희지
   歡喜地라고 한다.

『여래부사의경계경』에서,

"삼세 모든 부처님은 어떤 것도 소유한 바가 없기에 오직 자신의 마음에 의지한다. 보살이 만약 부처님과 모든 법이 다 오직 마음에서 헤아려 나온 것인 줄 알고 그 이치를 따라가면 바로 환희지로 들어가 육신에 집착하지 않고 미묘한 기쁨이 있는 세계에 태어나거나, 늘 극락정토에 태어난다."라고 말한 것이 그 증거입니다.

이로써 추론하면 염불로 극락왕생을 구하지 않더라도, 모든 것이 오직 마음인 줄 알고 이 이치로 마음을 챙기면, 자연스럽게 극락정토에 태어나는 것이 반드시 정해져 있으니 의심할 것이 없습니다.

근래 이치를 따져가며 공부하는 사문들이 명리를 버리고 도를 구하지만, 모두 바깥 현상에 집착하여 서쪽을 향해 큰 소리로 부처님을 부르면서 도를 닦는다고 합니다.

그러면서 이전에 배운, 마음자리를 드러낸 부처님과 조사 스님의 비결을 명리를 위한 학문이라 말합니다. 또한 분수에 맞지 않는 경계라고 말하면서 끝내 마음에 두지 않고 한순간에 버리고 떠나갑니다.

旣棄修心之秘訣 不識返照之功能
기 기 수 심 지 비 결 불 식 반 조 지 공 능

徒將聰慧之心 虛用平生之力 背心取相 謂依聖教
도 장 총 혜 지 심 허 용 평 생 지 력 배 심 취 상 위 의 성 교

諸有智者 豈不痛傷。
제 유 지 자 기 불 통 상

孤山智圓[1] 法師 阿彌陁經疏 序云
고 산 지 원 법 사 아 미 타 경 소 서 운

夫心性之爲體也 明乎靜乎一而已矣。
부 심 성 지 위 체 야 명 호 정 호 일 이 이 의

無凡聖焉 無依正焉 無延促焉 無淨穢焉。
무 범 성 언 무 의 정 언 무 연 촉 언 무 정 예 언

及其感物而動 隨緣而變
급 기 감 물 이 동 수 연 이 변

則爲六凡[2]焉 爲四聖焉 有依焉 有正焉。
즉 위 육 범 언 위 사 성 언 유 의 언 유 정 언

依正旣作則身壽 有延促矣 國土有淨穢矣。
의 정 기 작 즉 신 수 유 연 촉 의 국 토 유 정 예 의

---

1. 고산지원孤山智圓 스님은 중국 송나라 때 분인데 이름은 무외無外라고 한다. 천
   태삼관天台三觀의 심오한 뜻을 깨우치고 고산에 살면서 많은 후학을 가르쳤다.
2. 육도에서 윤회하는 범부들을 '육범六凡'이라 말하기도 한다. 지옥 중생에서부터
   시작하여 아귀·축생·수라·인간·하늘에 있는 중생들까지 다 포함한다.

이미 마음 닦는 비결을 버렸으니, 돌이켜 마음을 챙기는 공부의 효과를 알지 못합니다. 부질없이 총명한 지혜로 평생 노력을 헛되게 만들며 참마음을 등지고 상에 집착해 살아가면서 성인의 가르침에 의지한다고 말하니, 지혜로운 사람들이 어찌 마음 아파하지 않겠습니까.

고산지원 스님은 『아미타경소』 서문에서 말하였습니다.

"마음의 바탕이란 '밝고 고요한 그 무엇'일 뿐이다.

여기에는 범부와 성인이 없고 중생과 그들이 사는 세상도 없으며, 목숨이 늘거나 줄어들 것도 없고 깨끗하다 더럽다 할 것도 없다.

나아가 사물에 감응하여 인연 따라 변하면 육도중생이 되고 성문, 연각, 보살, 부처님이 되며, 중생과 그들이 사는 세상도 생긴다.

중생과 그들이 사는 세상이 만들어지면 그들의 수명이 늘거나 줄어들기도 하고, 국토에 깨끗하다 더럽다는 분별이 있게 된다."

吾佛大聖人 得明靜之一者也。
오 불 대 성 인 득 명 정 지 일 자 야

假道於慈 託宿於悲 將欲驅群迷 使復其本。
가 도 어 자 탁 숙 어 비 장 욕 구 군 미 사 부 기 본

於是乎 無身而示身 無土而示土 延其壽 淨其土 俾其
어 시 호 무 신 이 시 신 무 토 이 시 토 연 기 수 정 기 토 비 기

欣 促其壽 穢其土 俾其厭 旣欣且厭則 漸諭之策行矣。
흔 촉 기 수 예 기 토 비 기 염 기 흔 차 염 즉 점 유 지 책 행 의

雖寶樓金池 爲悅目之翫
수 보 루 금 지 위 열 목 지 완

而非惑蕩之色 而能達唯心無境矣。
이 비 혹 탕 지 색 이 능 달 유 심 무 경 의

雖風樹鳥聲 有入耳之娛
수 풍 수 조 성 유 입 이 지 오

而非涎溺之音 而能念三寶有歸矣。
이 비 첨 체 지 음 이 능 염 삼 보 유 귀 의

夫如是則 復乎明靜之體者 如轉掌耳。
부 여 시 즉 부 호 명 정 지 체 자 여 전 장 이

予謂 圓師 深知吾佛 善權本末者也。
여 위 원 사 심 지 오 불 선 권 본 말 자 야

"우리 부처님께서는 '밝고 고요한 그 무엇'을 얻은 분이시다. 사랑으로 길을 삼고 애틋한 마음으로 집을 삼아 어리석은 중생들을 그 근본 보금자리로 돌아가게 한다.

이에 몸이 없는 데서 몸을 나토고 국토가 없는 데서 국토를 드러내 수명을 늘리고 국토를 청정하게 하여 중생들을 기쁘게 하고, 수명을 줄이고 국토를 더럽혀 중생들이 싫어하게 한다. 중생들에게 이미 기뻐하고 싫어하는 마음이 있으니, 점차 깨우쳐 주고자 하는 부처님의 가르침이 시작된 것이다.

보배 누각과 황금 연못이 눈을 즐겁게 해주는 노리개지만 마음을 어지럽히지 않기에, 오직 마음뿐이요 바깥 경계가 없음을 통달할 수 있다. 바람에 흔들리는 나무 소리와 새들의 노랫소리가 귀를 즐겁게 해주는 아름다운 음률이므로 삼보를 생각하고 귀의하게 된다. 대저 이와 같다면 밝고도 고요한 바탕을 회복하는 것은 손바닥을 뒤집는 것처럼 쉽다."라고 하였습니다.

저는 지원 스님이 우리 부처님의 훌륭한 방편의 근본과 곁가지를 깊이 아는 분이라고 생각합니다.

今引繁文
금인번문

庶使今時 求淨土者 知佛意而修之 不枉用功耳。
서사금시 구정토자 지불의이수지 불왕용공이

知佛意者 雖念佛名 懃求往生
지불의자 수념불명 근구왕생

知彼佛境 莊嚴等事 無來無去 唯依心現 不離眞如。
지피불경 장엄등사 무래무거 유의심현 불리진여

念念之中 離於昏散 等於定慧 不違明靜之性則
염념지중 이어혼산 등어정혜 불위명정지성즉

分毫不隔 感應道交 如水澄月現 鏡淨影分。
분호불격 감응도교 여수징월현 경정영분

故 萬善同歸集¹ 云
고 만선동귀집 운

佛實不來 心亦不去 感應道交 唯心自現
불실불래 심역불거 감응도교 유심자현

又偈 云 能禮所禮性空寂 感應道交難思議。
우게 운 능례소례성공적 감응도교난사의

1.『만선동귀집』은 송나라 영명연수 선사의 저서인데, 온갖 선이 다 실상으로 돌아
 가는 이치를 밝힌 것이다.

이제껏 글을 번거롭게 인용한 까닭은, 이 시대에 정토를 찾는 많은 사람들이 부처님의 뜻을 제대로 알고 수행하여, 수행하는 공력을 잘못 쓰지 않게 하려는 것입니다.

부처님의 뜻을 아는 사람은, 부처님의 명호를 끊임없이 챙겨 부지런히 극락왕생을 구하더라도, 부처님의 경계와 극락정토 장엄이 오고감이 없이 오직 마음에 의해 드러날 뿐 진여를 여의지 않았음을 압니다. 생각마다 침침한 마음과 흐트러진 마음을 여의고, 선정과 지혜가 가지런히 밝고 고요한 성품에 어긋나지 않으면, 조금도 떨어지지 않고 서로 감응함이 마치 물이 맑아 달이 드러나고 거울이 깨끗하여 모습이 나타나는 것과 같습니다.

그러므로 『만선동귀집』에서는 "부처님이 실로 오는 것도 아니요, 마음이 가는 것도 아니지만, 서로 감응하여 오직 마음에서 저절로 드러난다."라고 하며, 게송으로 말하였습니다.

예배하고 받는 사람 그 성품이 고요하니
감응하는 그 자리를 헤아리기 어렵구나.

此人 必不取心外境界 而興偏計倒執 招諸魔事
차 인 필 불 취 심 외 경 계 이 홍 변 계 도 집 초 제 마 사

違背佛意也 諸修道者 切須在意 切須在意。
위 배 불 의 야 제 수 도 자 절 수 재 의 절 수 재 의

或有行者 堅執名相 不聞大乘 唯心法門。
혹 유 행 자 견 집 명 상 불 문 대 승 유 심 법 문

又 不識吾佛 於明靜性中 以本願力 權現身土 幻住莊
우 불 식 오 불 어 명 정 성 중 이 본 원 력 권 현 신 토 환 주 장

嚴 攝引衆生 令其耳目所翫。
엄 섭 인 중 생 영 기 이 목 소 완

達唯心無境 復其本之善權
달 유 심 무 경 복 기 본 지 선 권

却謂念佛往生 將五蘊身 受無量樂。
각 위 염 불 왕 생 장 오 온 신 수 무 량 락

以是情執未忘故 或見修禪者
이 시 정 집 미 망 고 혹 견 수 선 자

以爲是人 不念佛求生 何時出離三界哉
이 위 시 인 불 염 불 구 생 하 시 출 리 삼 계 재

不知聖敎 所明心淨故 卽佛土淨之旨。
부 지 성 교 소 명 심 정 고 즉 불 토 정 지 지

이 사람은 반드시 부처님의 뜻에 위배되는, 바깥 경계를 집착하는 마구니들을 불러들이지 않을 것이니, 도를 닦는 모든 사람들은 간절히 가슴에 새겨야 합니다.

간혹 어떤 수행자는 이름과 형상에만 집착하여 오직 마음뿐이라는 대승의 법문을 듣지 않습니다. 또 어떤 수행자는 부처님이 밝고 고요한 성품에서 수행할 때 세웠던 원력을 이루고자 방편으로 몸과 국토를 드러낸 장엄에 머물며, 중생들을 거두어 그들의 눈과 귀를 기쁘게 해 주는 것을 알지 못합니다.

'오직 마음일 뿐 바깥 경계는 없다'는 이치를 통달하여 그 근본으로 돌아가게 하는 훌륭한 방편을, 도리어 "염불하여 극락왕생하는 것이 지금 이 몸을 가지고 한량없는 즐거움을 받는 것이다."라고 말합니다.

이런 알음알이 집착을 버리지 못하기 때문에 선정 닦는 사람을 보면, "이 사람은 염불로 극락왕생을 구하지 않으니, 이 괴로운 세상에서 언제나 벗어날꼬."라고 말하니, 이들은 성인의 가르침에서 밝힌 '마음이 깨끗하므로 부처님의 국토가 청정하다'는 뜻을 알지 못하는 것입니다.

又聞說 所修心地 空明無物
우문설 소수심지 공명무물

以謂無身受樂之處 恐落空去
이 위무신수락지처 공락공거

不知空本無空。
부지공본무공

唯是如來 圓覺明淨之心
유시여래 원각명정지심

同虛空遍法界 該衆生心 無間斷處。
동허공변법계 해중생심 무간단처

一切衆生 無明分別之心
일체중생 무명분별지심

當處虛明 與十方諸佛 同一智海 同一法性。
당처허명 여시방제불 동일지해 동일법성

祇爲衆生 終日其中行履 而自背負恩德耳。
지위중생 종일기중행이 이자배부은덕이

不知斯旨者
부지사지자

以執吝貪着之心 求佛境界 如將方木 逗圓孔也。
이집린탐착지심 구불경계 여장방목 두원공야

또 "닦은 마음자리가 텅 비고 밝아 아무것도 없다."라는 말을 들으면, "즐거움을 받을 이 몸이 없다는 것인가."라고 말하며, 아무것도 없는 공에 떨어질까 두려워하는데, '공이 본래 그 공 자체도 없는 것'인 줄 알지 못하는 것입니다.

오직 여래의 오롯이 깨달은 밝고 청정한 마음만이 허공 같아서, 법계에 두루 하여 빈틈없이 모든 중생의 마음을 싸안습니다.

모든 중생이 무명으로 분별하던 마음 그 자리는 텅 비고 밝아, 시방세계 모든 부처님과 똑같은 지혜의 바다이며 똑같은 법의 성품입니다.

다만 중생들이 종일 그 가운데 살면서도 스스로 그 은덕을 등질 뿐입니다.

이런 뜻을 알지 못하는 사람은 인색하고 욕심이 많은 마음으로 부처님의 경계를 구하니, 이는 모난 나무를 둥근 구멍에 맞춰 넣으려는 것과 같습니다.

或有行者 稟性浮僞 聞此心法 信樂修習
혹 유 행 자 품 성 부 위 문 차 심 법 신 락 수 습

然得少爲足 不加決擇。
연 득 소 위 족 불 가 결 택

知見未圓
지 견 미 원

全恃本性 不修萬行
전 시 본 성 불 수 만 행

亦不求淨土 見求生者 而生輕慢。
역 불 구 정 토 견 구 생 자 이 생 경 만

此上二人 於佛法中 不善用心 多有滯障 可悲可痛也。
차 상 이 인 어 불 법 중 불 선 용 심 다 유 체 장 가 비 가 통 야

若是最下根人 盲無慧目 而知稱佛號則 歎其希有
약 시 최 하 근 인 맹 무 혜 목 이 지 칭 불 호 즉 탄 기 희 유

豈以不知佛意修行 爲過哉。
기 이 부 지 불 의 수 행 위 과 재

혹 어떤 수행자는 품성이 들뜨고 거짓되어 이 마음 법문을 듣고는 믿고 즐거이 닦아 익힌다고 하지만, 조금 아는 것에 만족하여 더는 노력하지 않습니다.

지견이 아직 오롯하지 않은데도, 오로지 본성만 믿고 어떤 보살행도 닦지 않으며 또한 정토를 구하지도 않으면서, 극락왕생을 찾는 사람을 보면 가볍게 여겨 교만을 떱니다.

위에서 말한 사람들은 부처님의 법을 배우면서도 좋은 마음을 쓰지 않으므로 장애가 많으니, 정말 슬프고 가슴 아픈 일입니다.

지혜가 없이 아무것도 모르는 사람도 부처님의 명호를 알고 부르면 희유한 일이라고 찬탄하는데, 어찌 부처님의 뜻을 모르고 염불 수행을 한다고 해서 허물이 되겠습니까.

或有行者 受氣剛大
혹유행자 수기강대

情緣最深 聞此心法 不知措意之處。
정연최심 문차심법 부지조의지처

然 能觀彼佛 白毫光明[1] 或觀梵字 或誦經念佛
연 능관피불 백호광명 혹관범자 혹송경염불

如是行門 專精不亂 能調妄想 不被惑障 梵行成建。
여시행문 전정불란 능조망상 불피혹장 범행성건

此人初從事行 感應道交
차인초종사행 감응도교

終入唯心三昧故 亦是善知佛意者也。
종입유심삼매고 역시선지불의자야

---

1. 백호광명白毫光明은 32상의 하나인데, 부처님의 두 눈썹 사이에 있는 흰 터럭에
  서 나오는 광명을 말한다.

혹 어떤 수행자는 타고난 기운이 좋지만, 알음알이 인연이 너무 깊어 이 마음 법문을 들어도 어떻게 해야 할지 모릅니다.

그렇지만 부처님의 백호광명이나 상서로운 글자를 보거나, 경을 외고 염불하는 이런 수행문에 집중하여 망상을 다스리면 장애 없이 깨끗한 삶을 살아갈 수 있습니다.

이 사람은 상서로운 현상을 좇아서 수행을 시작하다가 부처님의 마음과 감응하여 도가 통하면, 마침내 오로지 마음 그 자체의 삼매에 들어가므로 이 또한 부처님의 뜻을 잘 아는 사람입니다.

飛錫和尙 高聲念佛三昧寶王論 云
비 석 화 상 고 성 염 불 삼 매 보 왕 론 운

浴大海者 已用於百川 念佛名者 必成於三昧。
욕 대 해 자 이 용 어 백 천 염 불 명 자 필 성 어 삼 매

亦猶淸珠下於濁水 濁水不得不淸
역 유 청 주 하 어 탁 수 탁 수 부 득 불 청

念佛投於亂心 亂心不得不佛。
염 불 투 어 난 심 난 심 부 득 불 불

旣契之後 心佛雙亡
기 계 지 후 심 불 쌍 망

雙亡定也 雙照慧也。
쌍 망 정 야 쌍 조 혜 야

定慧旣均 亦何心而不佛 何佛而不心。
정 혜 기 균 역 하 심 이 불 불 하 불 이 불 심

心佛旣然則 萬境萬緣 無非三昧
심 불 기 연 즉 만 경 만 연 무 비 삼 매

誰復患之 於起心動念 高聲稱佛哉。
수 부 환 지 어 기 심 동 념 고 성 칭 불 재

부처님의 마음자리

비석 스님은『고성염불삼매보왕론』에서 이르기를,

"큰 바다에서 목욕하는 사람이 온갖 냇물을 다 쓰듯, 부처님의 명호를 염불하는 사람은 반드시 삼매를 이룬다. 또한 '물을 맑히는 구슬'을 흐린 물에 넣으면 흐린 물이 맑아지지 않을 수 없듯, 마음이 혼란할 때 염불을 열심히 하면 이 마음으로 부처님이 되지 않을 수 없다.

이미 부처님과 하나가 된 뒤에는 마음도 부처님도 다 없어지니, 마음과 부처님이 다 없어진 마음자리가 선정이요, 마음과 부처님이 모두 드러나는 것이 지혜이다.

선정과 지혜가 하나 되어 조화를 이루면, 이 또한 어느 마음인들 부처님이 아닐 것이며 어느 부처님인들 마음이 아닐 것인가.

마음과 부처님이 이미 그렇다면 온갖 경계와 온갖 인연이 삼매 아닌 것이 없으니, 누가 다시 마음을 일으켜 큰 소리로 염불하는 것을 근심 걱정하겠는가."라고 하였습니다.

文殊所說般若經中
문 수 소 설 반 야 경 중

明念佛 得一行三昧¹者 亦同此意也。
명 염 불 득 일 행 삼 매 자 역 동 차 의 야

不了此意者
불 료 차 의 자

却將見愛之情 觀彼佛相 念彼佛名 日久歲深
각 장 견 애 지 정 관 피 불 상 염 피 불 명 일 구 세 심

多爲魔魅所攝 顚狂浪走 虛勞功夫 傾覆一生。
다 위 마 매 소 섭 전 광 랑 주 허 로 공 부 경 복 일 생

近世 頻頻見聞 如此之人 皆由不知
근 세 빈 빈 견 문 여 차 지 인 개 유 부 지

十界依正 善惡因果 唯心所作 無體可得故也。
십 계 의 정 선 악 인 과 유 심 소 작 무 체 가 득 고 야

---

1. 일행삼매는 행주좌와에서 완전한 선정과 지혜가 하나 되는 삼매이다.
『문수반야경』에서 "무엇을 일행삼매라고 합니까?"라고 물으니, 부처님께서
"법계는 하나의 모습인데 이 법계의 진실한 모습을 인연한 것을 일행삼매라고
한다. 일행삼매에 들어간 사람은 갠지스 강 모래알만큼 많은 부처님의 모든 법
계에서 차별이 없는 모습을 다 안다. 아난이 부처님의 법을 듣고 모든 것을 다
외워 변재와 지혜가 모든 성문 가운데 가장 뛰어나더라도 아직 분별 속에 있는
것이니 한계가 있다. 그러나 일행삼매를 얻는다면 모든 경의 법문을 하나하나
다 알고 조금도 걸림이 없이 아침저녁으로 늘 말하는 지혜와 변재들이 끝이 없
다. 아난이 부처님의 법을 많이 듣고 말을 잘했다는 그 내용을 여기에다 견주어
보면 백 천분의 일도 미치지 못한다."라고 하였다.

『문수소설반야경』에서,

"염불하여 일행삼매를 얻는다."라고 밝힌 것도 바로 이 뜻과
같습니다.

이 뜻을 모르는 사람은, 자신의 선입견을 가지고 부처님의 모
습을 보거나 명호를 염불하며 세월을 보내다가, 대개 마구니
나 도깨비에게 홀려 미쳐 날뛰면서 수고로이 해 온 공부가 헛
되게 일생을 망칩니다.

근래 이런 사람을 자주 듣고 보는 것은 모두 시방세계의 중생
과 그들의 세상, 선악의 인과가 오로지 마음이 만들었을 뿐
얻을 수 있는 바탕이 없음을 그들이 알지 못하고 있기 때문입
니다.

或 於坐中 見天人菩薩像 或 如來像相好[1]具足
혹 어좌중 견천인보살상 혹 여래상상호 구족

或端正男女 及諸恐怖之相 說諸種種幻惑之事。
혹 단정남녀 급제공포지상 설제종종환혹지사

或 雖非外現之相
혹 수비외현지상

於自心中 隨順魔事 惡覺情見 不可具陳。
어 자심중 수순마사 악각정견 불가구진

當此之時 昏迷不省 無慧自救 橫罹魔網 良可傷哉。
당 차지시 혼미불성 무혜자구 횡리마망 양가상재

---

1. 상호相好는 32상相 80종호種好를 말하는데 부처님의 훌륭한 용모를 말한다.

이런 사람들은 앉아서 수행할 때, 간혹 하늘 사람이나 보살의 모습을 보기도 하고, 혹은 훌륭한 모습을 다 갖춘 여래를 만나기도 하며, 때로는 단정한 남녀의 모습부터 온갖 공포를 느끼게 하는 모습까지 나타나서 여러 가지로 마음을 현혹시키는 말을 하는 것을 보기도 합니다.

밖으로 드러난 모습이 아니더라도, 자기 마음에서 마구니를 좇아 나쁜 알음알이 소견을 내니 이루 다 설명할 수가 없습니다.

이때 혼미하여 이것을 깨닫지 못하고 스스로 구제할 지혜가 없어 마구니 그물에 빠져버리니 참으로 슬픈 일입니다.

起信論 不云乎
기 신 론 불 운 호

當念唯心 境界卽滅 終不爲惱。
당 념 유 심 경 계 즉 멸 종 불 위 뇌

又云 行者 常以智慧觀察 勿令此心 墮於邪網
우 운 행 자 상 이 지 혜 관 찰 물 령 차 심 타 어 사 망

當勤正念 不取不着。
당 근 정 념 불 취 불 착

敎旨如斯 何得逐境背心 而求佛菩提哉。
교 지 여 사 하 득 축 경 배 심 이 구 불 보 리 재

今時 行者 多云 但得念佛 往生然後 何有哉。
금 시 행 자 다 운 단 득 염 불 왕 생 연 후 하 유 재

不知九品[1] 昇降 皆由自心信解 大小明昧而發現也。
부 지 구 품 승 강 개 유 자 심 신 해 대 소 명 매 이 발 현 야

---

1. 정토에 태어나는 중생을 9가지 등급으로 나눈 것이다. 처음은 상중하로 분류
하고, 여기에 각각 상중하 등급으로 더 나누어 이것을 모두 합치면 아홉 등급이
된다. 가장 높은 등급인 '상품상생자'는 자비심으로 대승경전을 지성으로 외우
고 보살행을 하며 왕생을 바라는 사람이다. 가장 낮은 '하품하생자'는 온갖 나쁜
짓을 저질러 지옥에 떨어졌으나 아미타불을 열 번 부르면 극락세계에 왕생하게
된다. 구품에서는 세 가지 깨끗한 업을 닦고 아미타불 명호를 부르면 임종할
때 극락정토에 왕생할 수 있다는 것을 보여주고 있다.

『기신론』에서,

"오직 마음이라 생각하면 경계가 곧 사라져 끝내는 나를 괴롭히지를 않는다."라고 말하지 않습니까.

또 이르기를, "수행자는 늘 지혜롭게 마음을 챙겨 삿된 그물에 떨어지지 말아야 한다. 바른 생각을 챙겨 헛되이 경계를 취해 집착하지 않아야 한다."라고 하였습니다.

가르친 뜻이 이와 같은데 어찌 부질없이 경계를 따르고 마음을 등진 채 부처님의 깨달음을 찾는단 말입니까.

요즈음 수행자들은 대부분, "염불하여 왕생만 하면 그뿐인데, 그런 뒤에 무엇이 있겠는가."라고 합니다.

이는, 극락세계를 가는 중생이 아홉 등급으로 나누어진 것은 모두 자기 마음에서 믿고 아는 것에 따라 밝고 어두운 생각이 크고 작게 나타났기 때문인 줄 모르는 것입니다.

經中
경 중

以解第一義諦¹ 勸進行者 爲上品 豈以聰明靈利之心
이 해 제 일 의 제   권 진 행 자   위 상 품   기 이 총 명 영 리 지 심

甘爲鈍根 不解第一義 但稱名號哉。
감 위 둔 근 불 해 제 일 의 단 칭 명 호 재

萬善同歸集 云
만 선 동 귀 집 운

九品往生 上下俱達 或遊化國 見佛應身 或生報土²
구 품 왕 생 상 하 구 달 혹 유 화 국 견 불 응 신 혹 생 보 토

覩佛眞體 或一夕而便登上地 或經劫而方證小乘。
도 불 진 체 혹 일 석 이 변 등 상 지 혹 경 겁 이 방 증 소 승

或利根鈍根 或定意散意。
혹 이 근 둔 근 혹 정 의 산 의

---

1. 제일의제第一義諦는 부처님 법으로 으뜸가는 진리를 말한다.
2. 보토報土는 수행한 결과로 얻은 불국토를 말하는데 보신이 있는 국토를 말한다.
   아미타불의 극락정토는 아미타불이 법장비구일 때 세운 원력으로 수행하여
   얻은 국토이므로 보토報土라고 말하기도 한다.

경전 가운데서,

"으뜸가는 진리를 알고 부지런히 수행해 나가는 사람을 상품으로 삼는데,
어찌 총명하고 영리한 사람이 미련퉁이가 되어 으뜸가는 진리를 알지 못하고 부처님의 명호만 부르고 있는가."라고 하였습니다.

『만선동귀집』에서는 이르기를,

"구품세계 극락왕생은 위아래로 모두 통한다. 수많은 불국토에서 유유자적하며 부처님의 응신應身을 보기도 하고, 수행의 결과로 태어난 부처님의 국토에서 부처님의 진신眞身을 보기도 한다.

하루저녁에 바로 부처님 자리인 최고의 위치로 오르기도 하고, 혹은 겁의 세월이 지나도 겨우 소승小乘의 위치만 증득하기도 한다.

지혜로운 사람과 둔한 사람, 안정된 마음과 흐트러진 마음을 가진 여러 계층의 사람도 있다."라고 하였습니다.

是知 古今達者 雖求淨土 以深信眞如 專於定慧故。
시지 고금달자 수구정토 이심신진여 전어정혜고

知彼色相莊嚴等事 無來無去 離於分齊
지피색상장엄등사 무래무거 이어분제

唯依心現 不離眞如。
유의심현 불리진여

不同凡夫二乘 不知轉識現故
부동범부이승 부지전식현고

見從外來 取色分齊故也。
견종외래 취색분제고야

如是則 雖曰同生淨土 愚智行相 天地懸隔。
여시즉 수왈동생정토 우지행상 천지현격

何如 現今 學大乘 唯心法門 專於定慧
하여 현금 학대승 유심법문 전어정혜

免墮凡小 心外取色 分齊之見也。
면타범소 심외취색 분제지견야

이것으로 예나 지금이나 법에 통달한 사람은, 정토를 구하더라도 진여를 깊이 믿고 선정과 지혜의 수행에 집중한다는 것을 알아야 합니다.

극락세계의 장엄한 모습들도 오고감이 없이 한결같이 오직 마음에 의지하여 드러나면서, 진여를 여의지 않는다는 것을 알아야 합니다.

범부와 소승이 이런 모습이 마음이 변해 드러난 알음알이인 줄 몰라, 마음 밖에서 온 것으로 보고 여러 모양의 색에 집착하는 것과는 다릅니다.

이와 같다면 함께 정토에 태어난다 하더라도, 지혜로운 이와 어리석은 사람이 하는 수행의 모습은 하늘과 땅만큼 차이가 큽니다.

정혜결사를 다지는 마음

어떻게 해야 이제 오직 마음일 뿐이라는 대승의 법을 배워 선정과 지혜의 수행에 집중하는 사람들이, 마음 밖에서 온갖 모양에 집착하는 범부나 소승의 견해에 떨어지는 것을 면할 수 있겠습니까.

若是祖宗門下 以心傳心 密意指授之處 不在此限。
약 시 조 종 문 하 이 심 전 심 밀 의 지 수 지 처 부 재 차 한

琪和尚云 能悟祖道 發揮般若者 末季未之有也。
기 화 상 운 능 오 조 도 발 휘 반 야 자 말 계 미 지 유 야

故 此勸修文中 皆依大乘經論之義 爲明證。
고 차 권 수 문 중 개 의 대 승 경 론 지 의 위 명 증

略辯現傳門 信解發明之由致
약 변 현 전 문 신 해 발 명 지 유 치

幷出生入死 淨穢往來之得失。
병 출 생 입 사 정 예 왕 래 지 득 실

欲令入社 修心之人 知其本末 息諸口諍
욕 령 입 사 수 심 지 인 지 기 본 말 식 제 구 쟁

만약 조사 스님 문하에서 이심전심으로 비밀한 뜻을 배울 수 있다면 이런 한계에 부딪치지 않습니다. 기화상琪和尚이 이르기를, "조사의 도를 깨닫고 반야지혜를 빛낼 수 있는 사람은 말세에 없다."라고 하였습니다.

그러므로 이 '권수정혜결사문'에서는 대승 경론에 근거하여 명확하게 증명된 사실만을 이야기하고 있습니다.

그뿐만 아니라 지금까지 전해지는 법문을 믿고 알아야 하는 까닭과, 생사윤회로 부처님 국토와 중생의 세간을 오가면서 얻거나 잃게 되는 것을 간략하게 말하였습니다.

그리하여 정혜결사에 들어와 마음 닦는 사람들로 하여금 그 근본과 곁가지를 알게 하고 입으로 하는 온갖 논쟁을 쉬게 하였습니다.

辨其權實 不枉用功 於大乘法門 正修行路
변 기 권 실 불 왕 용 공 어 대 승 법 문 정 수 행 로

同結正因 同修定慧 同修行願 同生佛地 同證菩提。
동 결 정 인 동 수 정 혜 동 수 행 원 동 생 불 지 동 증 보 리

如是一切 悉皆同學 窮未來際
여 시 일 체 실 개 동 학 궁 미 래 제

自在遊戲 十方世界 互爲主伴 共相助成。
자 재 유 희 시 방 세 계 호 위 주 반 공 상 조 성

轉正法輪 廣度群品 以報諸佛莫大之恩。
전 정 법 륜 광 도 군 품 이 보 제 불 막 대 지 은

仰惟 佛眼 證此微誠
앙 유 불 안 증 차 미 성

普爲法界群迷 發此同修定慧之願。
보 위 법 계 군 미 발 차 동 수 정 혜 지 원

방편과 실상을 잘 알고 대승법문의 올바른 수행길에서 수행의 공력을 잘못 쓰게 하지 않았습니다. 다 함께 수행의 올바른 인연을 맺어 선정과 지혜, 보살행과 원력을 함께 닦고, 부처님의 세상에 함께 태어나는 깨달음을 증득하도록 하였습니다.

이처럼 모든 것을 다 같이 배워 오는 세월이 다하도록 시방세계에서 유유자적하여 서로 주인공이 되고 도반이 되어 서로 함께 도와가며 도를 이루려고 합니다.

올바른 법을 끊임없이 전파하며 널리 모든 중생을 구제함으로써 모든 부처님의 막중한 은혜를 갚으려고 합니다.

우러러 바라옵건대 부처님께서는 이 보잘것없는 정성을 증명하여 주시고, 두루 법계 중생을 위하여 이들이 함께 선정과 지혜를 함께 닦고자 하는 원력을 내게 도와주시옵소서.

嗚呼 衆生之所以往來者 六道也。
오호 중생지소이왕래자 육도야

鬼神沈幽愁之苦 鳥獸懷猶狌之悲 修羅方嗔 諸天正
귀신침유수지고 조수회휼월지비 수라방진 제천정

樂。可以整心慮趣菩提者 唯人道能爲耳。
락 가이정심려취보리자 유인도능위이

人而不爲 吾末如之何也已矣。
인이불위 오말여지하야이의

知訥 曩閱大乘 歷觀了義乘經論所說
지눌 낭열대승 역관요의승경론소설

無有一法 不歸三學之門
무유일법 불귀삼학지문

無有一佛 不藉三學而成道也。
무유일불 부자삼학이성도야

楞嚴經 云
능엄경 운

過去諸如來 斯門已成就
과거제여래 사문이성취

現在諸菩薩 今各入圓明 未來修學人 當依如是法。
현재제보살 금각입원명 미래수학인 당의여시법

아! 중생들이 오고 가는 세상은 여섯 곳입니다. 아귀 귀신의 세계는 깊은 시름 속에 빠져 당하는 고통이 있고, 새와 짐승들의 세계는 잡힐까 놀라 달아나는 두려움을 안고 있으며, 아수라 세상은 사방팔방으로 성만 내고, 천상계는 즐거움만 갖추고 있습니다.

생각과 마음을 가다듬어 깨달음으로 나아갈 수 있는 것은, 오직 인간 세상에서만 가능할 뿐입니다. 사람으로 태어나 노력하지 않는다면 저도 어떻게 할 수가 없습니다.

제가 예전에 대승경전을 열람하면서 이치에 통달한 부처님 마음에서 나오는 경전과 논서에서 말하는 내용을 두루 살펴보니, 한 법도 계율과 선정과 지혜를 배워 부처님의 세상으로 가는 길로 귀결되지 않는 법이 없었고, 한 분도 삼학에 의지하지 않고 도를 이룬 부처님은 없었습니다.

『능엄경』에서도,
"과거 모든 여래도 이 길에서 도를 성취하셨고, 현재 모든 보살들도 지금 이 길에서 저마다 오롯한 밝음으로 들어가며, 미래에 계율과 선정과 지혜를 배우는 사람들도 이와 같은 법에 의지할 것이다."라고 하였습니다.

是故 我輩 今結佳期 預伸密誓 當修梵行。
시 고 아 배 금 결 가 기 예 신 밀 서 당 수 범 행

則仰慕眞風 不生自屈
즉 앙 모 진 풍 불 생 자 굴

以戒定慧 資薰身心 損之又損 水邊林下 長養聖胎。
이 계 정 혜 자 훈 신 심 손 지 우 손 수 변 임 하 장 양 성 태

看月色而逍遙 聽川溪而自在
간 월 색 이 소 요 청 천 계 이 자 재

縱橫放曠 遂處消時 猶縱浪之虛舟 若凌空之逸翮。
종 횡 방 광 수 처 소 시 유 종 랑 지 허 주 약 릉 공 지 일 핵

現形容於寰宇 潛幽靈於法界
현 형 용 어 환 우 잠 유 영 어 법 계

應機有感 適然無準矣 予之所慕意在斯焉。
응 기 유 감 적 연 무 준 의 여 지 소 모 의 재 사 언

9장. 올바른 삶을 다짐한 결사 실행

이 때문에 우리는 지금 아름다운 시절이 올 기약을 맺고, 은밀하게 즐거이 맹세하면서 청정한 행을 닦아야 합니다.

곧 진실한 가풍을 우러러 사모하여 비굴한 생각 없이 계율과 선정과 지혜로, 몸과 마음을 다스려 번뇌를 없애고 또 없애가며, 시원한 물가 나무 그늘 아래에서 계속 성인이 될 소양을 길러야 합니다.

달빛 속에 시냇물 소리를 들으며 자유롭게 살면서, 어떤 장소 어느 때라도 물결 따라 흘러가는 빈 배나 허공을 자유롭게 나는 새와 같아야 합니다.

천하에 얼굴이 드러나면 법계의 신령스러운 기운이 담겨 있고, 온갖 근기에 감응하면서 늘 조화로워 어떤 격식도 없으니, 제가 우리의 가풍을 사모하는 뜻이 여기에 있는 것입니다.

若修道人 捨名入山
약 수 도 인 사 명 입 산

不修此行 詐現威儀 誑惑信心檀越[1] 則
불 수 차 행 사 현 위 의 광 혹 신 심 단 월 즉

不如求名利富貴 貪着酒色 身心荒迷 虛過一生也。
불 여 구 명 리 부 귀 탐 착 주 색 신 심 황 미 허 과 일 생 야

諸公聞語 咸以爲然曰
제 공 문 어 함 이 위 연 왈

他日能成此約 隱居林下 結爲同社則
타 일 능 성 차 약 은 거 임 하 결 위 동 사 즉

宜以定慧名之 因成盟文而結意焉。
의 이 정 혜 명 지 인 성 맹 문 이 결 의 언

其後 偶因選佛場得失之事 流離四方
기 후 우 인 선 불 장 득 실 지 사 유 리 사 방

未遂佳期者 至今幾盈十載矣。
미 수 가 기 자 지 금 기 영 십 재 의

---

1. 단월檀越은 재물을 보시하여 그 인연으로 복을 맞이하고 죄를 참회하려는 사람
   을 말한다. 보통 단월을 시주라고 한다.

수도하는 사람이 명리를 버리고 산에 들어가 이런 수행을 하지 않고 거짓 모습으로 신심 있는 단월들을 속인다면, 명예와 부귀영화로 주색에 빠져 몸과 마음을 망쳐 일생을 헛되게 사는 사람보다도 못한 것입니다.

여러 사람이 내 말을 듣고는 모두 '맞다'고 하면서 말하였습니다.

"뒷날 이 약조를 지켜 산중에서 함께 결사하면, 명칭을 정혜사定慧社로 합시다."라고 하면서, '정혜결사문'을 지어 결의를 다졌습니다.

그 뒤 함께 공부할 도량이 마땅치 않아 사방으로 뿔뿔이 흩어지면서, 아름다운 시절이 올 기약을 이루지 못한 채 거의 10년이란 세월이 흐르게 되었습니다.

去戊申年早春 契內材公¹禪伯
거 무 신 년 조 춘 계 내 재 공 선 백

得住公山居祖寺 不忘前願。
득 주 공 산 거 조 사 불 망 전 원

將結定慧社 馳書請予於下柯山普門蘭若² 再三懇至。
장 결 정 혜 사 치 서 청 여 어 하 가 산 보 문 난 야 재 삼 간 지

予雖久居林壑 自守愚魯 而無所用心也。
여 수 구 거 임 학 자 수 우 노 이 무 소 용 심 야

然 追憶前約 亦感其懇誠。
연 추 억 전 약 역 감 기 간 성

取是年春陽之節 與同行舡禪者 移棲是寺。
취 시 년 춘 양 지 절 여 동 행 강 선 자 이 서 시 사

招集昔時同願者 或亡或病 或求名利而未會。
초 집 석 시 동 원 자 혹 망 혹 병 혹 구 명 리 이 미 회

且與殘僧三四輩 始啓法席 用酬曩願耳。
차 여 잔 승 삼 사 배 시 계 법 석 용 수 낭 원 이

---

1. 재공材公 스님은 선을 담론하는 법회 때 같이 결사를 다짐한 도반인데, 득재得才라고도 한다. 보조 국사가 정혜결사를 이룰 수 있도록 적극 지지하고 격려한 인물이다.
2. 난야는 아난야阿蘭若의 준말로서 수행하기에 적당한 조용한 장소를 말한다. 여기서 보문난야普門蘭若는 경북 예천에 있는 하가산 보문사이다.

지난 무신년 이른 봄에, 함께 결사를 맺었던 재공 스님이 팔공산 거조사에 살면서 지난날 원력을 잊지 않고 있다가, 정혜결사를 결성하고자 편지로 저에게 경북예천 하가산 보문사로 와주기를 몇 번씩이나 간청하였습니다.

저는 깊은 산중에서 둔하고 어리석게 오래 살면서 무엇을 하고자 하는 마음은 없었습니다. 하지만 지난날 약조를 생각했고 또한 간절한 정성에 감동하였습니다.

그해 봄 꽃피는 좋은 시절 같이 수행하던 강선사缸禪師와 함께 그 절로 거처를 옮겼습니다.

옛날 원력을 같이 세웠던 사람들을 불러 모았지만, 죽고 병들거나 명리를 좇는 사람들은 만나지 못하였습니다.

겨우 남아 있는 스님 서너 명과 함께 처음 법석을 열어 옛날의 원력을 실천하려고 합니다.

伏望 禪教儒道 厭世高人 脫略塵寰 高遊物外 而專精
복망 선교유도 염세고인 탈략진환 고유물외 이전정

內行之道 符於此意則
내행지도 부어차의즉

雖無往日結契之因 許題名字 於社文之後。
수무왕일결계지인 허제명자 어사문지후

雖未一會而蘊習
수미일회이온습

常以攝念觀照爲務 而同修正因則 如經所謂
상이섭념관조위무 이동수정인즉 여경소위

狂心歇處 卽是菩提 性淨妙明 匪從人得。
광심헐처 즉시보리 성정묘명 비종인득

10장. 부처님 법으로 살고자 올리는 축원

엎드려 바라옵건대 선종이든 교종이든 유교 도교 할 것 없이 세속의 잘못된 삶에 싫증난 고매한 사람들이, 티끌세상의 욕망을 훌훌 벗고 세상 밖에 고아하게 노닐면서 도에 전념하여 결사의 뜻에 부합한다면, 지난날 결사를 약속한 인연이 없더라도 결사문 뒤에 이름 넣는 것을 받아들이겠습니다.

비록 한자리에 모여 함께 탁마하지 못하더라도, 늘 마음을 챙기는 삶을 살면서 똑같이 올바른 삶을 살아간다면, 이것은 경에서

"헐떡거리는 마음이 쉬는 곳이 바로 깨달음이니, 깨끗하고 묘한 밝음의 성품은 다른 사람에게서 얻는 것이 아니다."라고 말하는 것과 같습니다.

文殊偈 云
문 수 게 운

一念淨心是道場 勝造河沙七寶塔
일 념 정 심 시 도 량 승 조 하 사 칠 보 탑

寶塔畢竟碎爲塵 一念淨心成正覺。
보 탑 필 경 쇄 위 진 일 념 정 심 성 정 각

故知 少時攝念 無漏之因 雖三災 彌綸[1]
고 지 소 시 섭 념 무 루 지 인 수 삼 재 미 륜

而行業湛然者也 非特修心之士成其益也。
이 행 업 담 연 자 야 비 특 수 심 지 사 성 기 익 야

以此功德 上祝聖壽萬歲 令壽千秋 天下泰平。
이 차 공 덕 상 축 성 수 만 세 영 수 천 추 천 하 태 평

法輪常轉 三世師尊父母 十方施主 普及法界生亡 同
법 륜 상 전 삼 세 사 존 부 모 시 방 시 주 보 급 법 계 생 망 동

承法雨之所霑。
승 법 우 지 소 점

---

1. 삼재三災는 물, 불, 바람의 온갖 재앙을 말한다.

문수 보살은 게송으로 말하였습니다.

> 한 생각에 맑은 마음 수행 터로서
> 탑을 만든 공덕보다 더 뛰어나니
> 칠보 탑은 언젠가는 티끌 되지만
> 한 생각이 청정한 곳 바른 깨달음.

그러므로 잠시라도 맑고도 깨끗한 마음을 챙긴다면 온갖 재앙이 한꺼번에 닥치더라도 살아가는 삶은 맑고도 담담하니, 이는 특별히 마음 닦는 사람만 갖게 되는 이익이 아닌 줄 알아야 합니다.

이 공덕으로 임금님이 오래 살면서 나라가 영원토록 편안하기를 부처님 전에 마음 모아 축원 올립니다.

부처님의 법이 늘 펼쳐지면서 과거 현재 미래의 모든 스승님과 부모님, 시방세계 모든 시주, 두루 법계의 모든 중생이 한결같이 부처님의 법을 늘 지니고 살기를 부처님 전에 마음 모아 축원 올립니다.

永脫三途之苦惱 超入大光明藏 遊戲三昧性海。
영 탈 삼 도 지 고 뇌 초 입 대 광 명 장 유 희 삼 매 성 해

窮未來際 開發蒙昧 燈燈相續 明明不盡。
궁 미 래 제 개 발 몽 매 등 등 상 속 명 명 부 진

則其爲功德 不亦與法性相終始乎。
즉 기 위 공 덕 불 역 여 법 성 상 종 시 호

庶幾樂善君子 留神思察焉。
서 기 락 선 군 자 유 신 사 찰 언

時 明昌[1]元年 庚戌季春 公山隱居 牧牛子知訥 謹誌。
시 명 창 원 년 경 술 계 춘 공 산 은 거 목 우 자 지 눌 근 지

---

1. 명창明昌은 중국 금나라 장종章宗의 연호로 원년은 1190년이다.

그리하여 삼악도의 고통에서 영원히 벗어나 큰 광명 속으로 뛰어들어 삼매의 바다에서 노닐기를 부처님 전에 마음 모아 축원 올립니다.

미래가 다하도록 몽매한 이들을 일깨워, 밝은 지혜의 등불들이 계속 이어져 끊어지지 않기를 부처님 전에 마음 모아 축원 올립니다.

이렇게만 된다면 그 공덕이 법의 성품과 모습으로 영원토록 함께 하지 않겠습니까.

아름다운 세상을 바라는 군자들은 늘 이 내용을 마음속에서 생각해 보셔야 합니다.

명창明昌 원년 경술庚戌 1190년 늦은 봄
팔공산에서 은거하는 목우자 지눌 삼가 쓰다

至承安⁵五年 庚申 自公山 移社於江南曺溪山。
지 승 안 오 년 경 신 자 공 산 이 사 어 강 남 조 계 산

以隣有定慧寺 名稱混同故
이 인 유 정 혜 사 명 칭 혼 동 고

受朝旨 改定慧社 爲修禪社。
수 조 지 개 정 혜 사 위 수 선 사

然 勸修文 旣流布故 仍其舊名 彫板印施耳。
연 권 수 문 기 유 포 고 잉 기 구 명 조 판 인 시 이

勸修 定慧 結社文 終
권 수 정 혜 결 사 문 종

---

1. 승안承安은 중국 금나라 장종章宗의 연호로 5年은 1200년이다.

정혜결사문을 유포하다

승안承安 5년 경신庚申 1200년 팔공산에서 결사 장소를 강남 조계산으로 옮겼다.

근처에 정혜사라는 절이 있어 명칭이 혼동되므로 나라의 뜻을 받아들여 정혜사定慧社를 수선사修禪社로 이름을 바꾸었다.

그러나 '권수정혜결사문'이 이미 유포된 까닭에 옛 이름 그대로 조판하고 인쇄하여 유포한다.

권수정혜결사문 마침

찾아보기

♡ 원순 스님이 풀어쓴 책들

능엄경 1, 2 중생계는 중생의 망상으로 생겨났음을 일깨우며, 번뇌를 벗어나
부처님 마음자리로 들어가는 가르침과 능엄신주를 설한 경전

규봉스님 금강경 금강경을 논리적으로 풀어가고 있는 기존의 시각과 다른
새로운 금강경 해설서

부대사 금강경 경에 담긴 뜻을 부대사가 게송으로 풀어낸 책

야부스님 금강경 경의 골수를 선시로 풀어 가슴을 뚫는 문학적 가치가 높은 책

육조스님 금강경 금강경 이치를 대중적으로 쉽게 풀어쓴 금강경 기본 해설서

종경스님 금강경 아름다운 게송으로 금강경 골수를 드러내는 명쾌한 해설서

함허스님 금강경 금강경의 전개를 파악하고 근본 가르침을 또렷이 알 수 있게
설명한 험허스님의 걸작

지장경 지장 보살의 전생 이야기와 그분의 원력이 담긴 경전

연꽃법화경 모든 중생이 부처님이라는 혁신적인 내용을 담고 있으면서도
고전문학의 가치를 지닌 경전

연경별찬 설잠 김시습이 『연꽃법화경』을 찬탄하여 쓴 글

한글 원각경 함허득통 스님이 주해한 원각경을 알기 쉽게 풀어쓴 글

초발심자경문 이 세상 모든 사람을 위한 마음 닦는 글

치문 1·2·3권 생활 속에서 가까이 해야 할 선사들의 주옥같은 가르침

선가귀감 경전과 어록에서 선의 요점만 추려 엮은 '선 수행의 길잡이'

큰 믿음을 일으키는 글 불교 논서의 백미인 『대승기신론 소·별기』 번역서

마음을 바로 봅시다 上下 종경록 고갱이를 추린 '명추회요' 국내 최초 번역서